Dr. med. H. Anemueller

DIE MOLKE-TRINKKUR

Dr. med. H. Anemueller

DIE MOLKE-TRINKKUR

Kostpläne und Rezepte

Christa Anemueller

WALTER HÄDECKE VERLAG · WEIL DER STADT

ISBN 3-7750-0113-1

Farbtafeln auf Seite 18 und 50 mit freundlicher Genehmigung von Walther Schoenenberger, Pflanzensaftwerk, Magstadt.
Einbandfoto und Farbtafeln auf Seite 49, 81/82 und 97/98: Rotraud A. M. Siebenbrodt, Wörthsee/Walchstadt.

Layout u. Herstellung: Goldener Schnitt · Herstellungs-Service, 7573 Sinzheim.
Druck: Beltz Offsetdruck, Hemsbach/Bergstraße

Inhaltsverzeichnis

Geschichte der Molke-Trinkkur

Gesundheitsfördernde und heilende Kuren mit Molke haben eine lange Geschichte. Sie beginnt bei den Ärzten der griechischen Medizin des klassischen Altertums.

Diät in klassischer Heilkunst

Hippokrates war einer der ersten großen Ärzte jener Zeit, die Molke kurmäßig verordneten. Er war der Begründer der medizinischen Schule von Kos und ein Befürworter diätetischer Heilmethoden. Zahlreiche Abhandlungen „Über die Diät" sind von ihm und seinen Schülern geschrieben worden.

„Diät" bedeutete damals gesunde Lebensweise, um Gesundheit zu erhalten oder wiederherzustellen. Im Einklang mit der Natur zu leben und geistig und körperlich gesund zu bleiben, war Ziel hippokratischer Medizin. Der gesunde Mensch ist in der altgriechischen Kultur von den Philosophen gepriesen, von den Ärzten angestrebt und von den Künstlern verherrlicht worden. Wir brauchen uns nur die aus jener Zeit überlieferten Darstellungen in Malereien, Reliefs und Skulpturen anzusehen.

Behandlung mit naturgemäßen Mitteln

Vorhandene Krankheiten wurden von der hippokratischen Medizin mit einfachen und naturgemäßen Mitteln behandelt. Man begrenzte die Nahrungszufuhr und verordnete Nahrungen, die den Körper nicht belasten und ihn reinigen helfen. Der Patient mußte Übungen zu geistiger und körperlicher Kräftigung ausführen. Medikamente gab es wenig. Neben einfacher Heilnahrung beschränkte sich die Behandlung meist auf Darmreinigung, Bäder, Einreibungen, Massagen und Gymnastik.

Das leitende Prinzip klassischer Heilkunst war: Die Natur in der Heilung zu unterstützen und Bedingungen zu schaffen, die dem „inneren Arzt" helfen, Krankheiten zu überwinden. Alle Schriften der hippokratischen Schule bringen dies immer wieder zum Ausdruck.

Molke als „Heilwasser"

Molke oder das Serum der Milch schätzten hippokratische Ärzte als ein von Ziegen oder Kühen gespendetes „Heilwasser", mit dem sich reinigen, ausleiten, entschlacken, aktivieren, regenerieren und der Abgang des Stuhles erleichtern ließ. Schließlich hatten sie mit Molke-Trinkkuren so gute Erfahrungen gemacht, daß regelrechte Molkenheilstätten errichtet wurden. Eine davon befand sich auf dem „Milchberg" zwischen Neapel und Sorrent. Sie wurde von der Medizinischen Schule Salerno betreut und erhielt von dort aus vornehmlich Patienten mit Darmverstopfung, Leberleiden, Vergiftungen, Nierenerkrankungen, Arthritis und Fettsucht zugewiesen.

Trinkkuren auf dem „Milchberg"

Ein berühmter Arzt, der auf dem „Milchberg" Trinkkuren mit Molke durchführen ließ, war Galenos. Er stammte aus Pergamon im römischen Kleinasien, hatte in Alexandrien studiert und war als Leibarzt des römischen Kaisers Marc Aurel nach Rom gekommen. Dort genoß er das Ansehen einer medizinischen Kapazität. Behandlungen und Kuren mit Molke wandte er vor allem bei Darmstörungen, Lebererkrankungen und Vergiftungen an. Diesbezüglich gab es genug zu tun, da man im alten Rom ziemlich unmäßig lebte.

Erstaunlich ist, wie in der Molkenheilstätte des „Milchberges“ die Kur mit Molke entwickelt worden war. Das fing bei der Weidepflege und den Fütterungsbedingungen der Tiere an, die die Milch zur Gewinnung der Molke lieferten. Um deren Qualität und hiermit auch die Güte der Heilmolken zu beeinflussen, wurden dem Futter ausgesuchte Heilkräuter beigemischt. Zudem verordnete man während der Kur neben Molken Kräuter oder Kräutersäfte – Löwenzahn, Brennessel, Schafgarbe und Schöllkraut spielten eine besondere Rolle – also Arzneipflanzen, deren Heilwirkungen unsere heutige Medizin bestätigt.

Molkekur als umfassende diätetische Behandlungsmethode

Während der Kur hatten die Patienten genaue ärztliche Anweisungen zu befolgen und erhielten in Gesprächen und durch Vorträge diätetische Belehrungen. Sie bezogen sich auf eine gesundheitsbewußte, vernünftige Lebensweise und das Streben nach einer ausgewogenen und zufriedenen seelischen Verfassung. Seele, Geist und Körper wurden als Einheit betrachtet.

So war die Molkekur eine umfassende diätetische Behandlungsmethode, in der nicht nur das Serum der Milch, sondern auch Heilkräuter, Körpertraining und gesundheitliche Erziehung zum Einsatz kamen.

Was die alten Ärzte über Molke wußten

Aus überlieferten Schriften geht hervor, daß Ärzte wie Galenos, Avicenna, Dioskurides und Erotolaos recht genau wußten, was mit der Molke als „Heilwasser“ anzufangen ist. Die Auswahl der Patienten, bei denen sie Molkekuren durchführten, zeigt es an – vor allem litten diese unter Darmträgheit, Hämorrhoiden, Lebererkrankungen, Gelbsucht, Gallensteinen, Stoffwechselstörungen, Hautausschlägen und Vergiftungen. Das sind auch aus heutiger Sicht wichtige Indikationen der Molke-Trinkkur.

Molke für den Darm

Eindeutig erkannt hatten die alten Ärzte, daß Molke dazu beiträgt, den Darm zu „entgiften“, seine Funktionen anzuregen und vom Darm aus die Leber zu entlasten. Man wußte um die große Bedeutung der Leber für den Gesamtorganismus und um deren Abhängigkeit von Milieu und Funktion des Darmes. Über einen durch die Molkekur in beste Verfassung gebrachten Darm meinte man, sie am wirksamsten beeinflussen und bei vorhandenen Schäden regenerieren zu können.

... für die Leber

... für die Haut

Bekannt waren auch Beziehungen, die zwischen Darm, Leber und Haut bestehen. Aus diesem Grunde waren häufig vornehme Römerinnen unter den Kurgästen der Molkenheilstätte, die nur im Sinn hatten, etwas für ihre Haut zu tun, wenn dort im Frühjahr die besten Molken von kräuterreichen Weiden zur Verfügung standen.

Man kurte mit Molke, wie heute in einer Schönheitsfarm. Dabei wurden Molken nicht nur getrunken, sondern auch zu hautpflegenden Bädern benutzt. Wir würden heute sagen: Man betrieb Kosmetik von innen und außen.

... gegen Gicht

Schließlich war die Erkenntnis gegenwärtig, daß Molke-Trinkkuren bei bestimmten Gelenkerkrankungen, denen Stoffwechselstörungen zugrunde liegen, erfolgreich sind. Man wußte zwischen rheumatischen und gichtigen Gelenkerkrankungen zu unterscheiden und hatte letztere als besondere Indikation der Behandlung mit Molke erkannt. Meist besserten sich bereits Krankheitserscheinungen, wenn Molke-Trinkkuren vorhandenes Übergewicht und damit verbundene Stoffwechselstörungen beseitigt hatten.

Im 17. Jahrhundert waren die Ärzte Sydenham, v. Haller, Boerhave und Verhegen besondere Befürworter der Molke-Trinkkur bei Gicht. Thomas Sydenham lebte in London und war bekannt dafür, Reiche und Arme gleichermaßen gut zu behandeln – Arme meist kostenlos zugunsten guter Honorare, die er sich von begüterten Patienten geben ließ. Sein medizinisches Interesse galt der Gicht, unter der vor allem, wie er feststellte, wohlhabende Patienten litten. Die Medizin verdankt ihm eine erste, recht genaue Darstellung dieser „Wohlstands-“ und Stoffwechselerkrankung. Etwas zynisch ist darin vermerkt, es sei ein Teil göttlicher Gerechtigkeit, wenn die Reichen zum Ausgleich ihres Wohllebens häufig von Gicht geplagt seien.

... und bei Erkrankungen der Verdauungsorgane

Auch dem preußischen Arzt Christoph Wilhelm Hufeland, dem Leibarzt der Königin Luise von Preußen und Leiter des preußischen Gesundheitswesens, war bekannt, daß Molke vorzüglich

zur Behandlung von Erkrankungen der Verdauungsorgane und des Stoffwechsels geeignet ist. In volkstümlichen Schriften verwies er auf die einfachen Behandlungsmethoden und die Gesundheitslehre der hippokratischen Medizin. In seine Lehre von der „Makrobiotik“ oder der „Kunst, das menschliche Leben zu verlängern“, ist vieles davon eingegangen.
Mitte des 18. Jahrhunderts sind dann erste wissenschaftliche Dissertationen über die Molke an den Universitäten Freiburg i. Br. und Basel erschienen. Sie stammen von G. Hentschel (1725) und J. J. Geymüller (1738). In ihnen ist zusammengefaßt, was man bis zu diesem Zeitpunkt aus der überlieferten Erfahrung alter Ärzte über das Milchserum wußte.

A. D. Noe (1819–1879) gen. Cham: Höflichkeit in der Badewanne

Alle Welt reiste in Molkenkurorte

1779 schrieb der Arzt Tissot: *„Molke ist das allerlindeste und mächtigste Eröffnungsmittel, das den freien Lauf der Galle, den Abgang des Stuhles und die Ausscheidung des Harnes erleichtert."*

Blütezeit der Molke-Trinkkuren

Dieser Ausspruch Tissot's fällt mit einer Blüte zusammen, welche im 18. Jahrhundert die aus der klassischen Heilkunst überlieferte Trinkkur mit Molke erlebte. Kaum vorstellbar, daß damals in der Schweiz, Österreich und Deutschland Molkenkuranstalten und Molkenkurorte wie Pilze aus dem Boden schossen.

Der Anstoß hierzu ging von dem Bergdorf Gais im Schweizer Kanton Appenzell aus. Irgendein Züricher Bürger hatte dort im Jahre 1749, nachdem ihn seine Ärzte für unheilbar erklärt hatten, durch tägliches Trinken von Ziegenmolke oder „Geißschotte" seine Gesundheit wiedergefunden. Daraufhin mehrten sich von Jahr zu Jahr nach Gais kommende und Heilung suchende Kurgäste – obwohl es unter damaligen Gegebenheiten nicht leicht war, in dieses 2875 Fuß über dem Meer liegende Bergdorf zu gelangen.

Kurorte in der Schweiz

Tüchtige Appenzeller verstanden aus diesem Zulauf etwas zu machen und ihre Gemeinde in ganz Europa als Kur- und Badeort ins Gespräch zu bringen. Nach und nach entstanden auch in Nachbargemeinden Molkenkuranstalten – so in

Appenzell, Gontenbad, Weißbad, Jakobsbad, Heinrichsbad, Trogen und Steinegg. In jeder Saison, die von Mai bis September währte, wurden tausende Liter Molke aus hochgelegenen Sennereien an Kurgäste aus aller Herren Länder ausgeschenkt. Besonderen Ruf erlangte die „Diätetische Molkenkuranstalt von Steinegg", die auf einem Höhenzug zwischen Rhein und Thur in einem Schloß untergebracht war.
Man kann nicht alle Orte aufzählen, die im weiteren Verlauf des damaligen Molkekur-Boomes Molkenkuranstalten errichteten und in Reiseführern dieser Zeit als Molkenkurorte hervorgehoben sind. Nach einer historischen Recherche von K. Schleiminger sollen es allein in schweizerischen, österreichischen und deutschen Landen mehr als 160 gewesen sein.
In einem 1877 erschienenen illustrierten und volkstümlichen Konversationslexikon hieß es: *„Molkenkuranstalten gibt es in zahlreichen Orten Deutschlands und der Schweiz. Dort benutzt man Molken zu Kurzwecken, um Verdauung und Zustand von Kranken zu verbessern."*
Schweizer Molkenkurorte, die außer Gais Rang und Namen erwarben, waren Horgen am Züricher See, Felsenegg auf dem Zugerberg, Schönbrunn in der Nähe von Menzingen, Andeer in Graubünden, Maloggia im Oberengadin, Engelberg bei Luzern, Girnigel in Churwalden, Chinznach im Aargau, Vevey am Genfersee und Interlaken am Thunersee. Hiermit sind jedoch längst nicht alle aufgezählt.
Auf die Welle aufblühender Molkenkurorte in der Schweiz folgte eine ebensolche in Österreich und Deutschland. In Bayern und Österreich waren es unter anderem Kreuth, Traunstein, Aibling, Wiessee, Oberstaufen, Ischl und Aus-

Gais im Kanton Appenzell

Kurorte in Deutschland und Österreich

see. Auch das zu Reichenhall gehörige „Solbad Achselmannstein“ besaß eine Kuranstalt, in der Molke mit der Reichenhaller Sole vermischt zu „Trink- und Gurgelzwecken“ ausgeschenkt und den Solebädern zugesetzt worden war. Außerhalb Bayerns gehörten Harzburg, Braunlage, Badenweiler, Homburg v.d.H., Cannstatt, der Geisberg bei Heidelberg sowie die Schwarzwaldorte St. Blasien und Rippoldsau zu den Molkenkurorten, die im 18. und 19. Jahrhundert von sich reden machten.

Immer hatte sich jedoch Molke aus Gais besonderen Ruf bewahrt. So war in Harzburg dem an der Promenade gelegenen Kurhaus eine „Sennhütte“ angeschlossen, in der Appenzeller Sennen die Molken zubereiteten und Appenzeller Mädchen in Schweizer Tracht diese an die Kurgäste ausgaben.

In seinem Roman „Die Molkenkur“ beschrieb 1819 der Schweizer Erzähler Ulrich Hegner, wie ein Oberst aus dem nördlichen Deutschland, dem sein Arzt eine Molkenkur in Gais verordnet hatte, dorthin kommt und den Kurbetrieb erlebt. In einem Brief, den er nach Hause richtete, heißt es:

Kurbetrieb

„Morgens trinkt man hier Ziegenmolke oder Geißschotte, wie die Schweizer sagen. Täglich wird sie aus dem Gebirge drei Stunden weit noch warm hierher gebracht, wenn es wahr ist, daß sie unterwegs nicht gewärmt wird. Der Platz, an dem sich die Schotten-Trinker frühmorgens zusammenfinden, hat keinen Schatten, weshalb man sich ganz schön erhitzt. Doch auch dieses Braten und Schmelzen wissen die Ärzte hier vorteilhaft zu erklären, denn die Hitze fördere die bei Molkenkuren erforderlichen Ausdünstungen."

In einem weiteren Brief schreibt selbiger Oberst nach einiger Zeit:

„Wie es mit meiner Gesundheit geht, fragst Du? Besser als lange und besser als anfänglich erwartet."

Dem Appenzeller Kurarzt Johann Friedrich Heim verdanken wir die Aufzeichnung langjähriger Erfahrungen mit der Molke-Trinkkur in Gais. Von Hippokrates bis in die jüngste Zeit, heißt es darin, weichen die Meinungen der Ärzte über die Tugenden der Molke nicht voneinander ab. Anschaulich beschreibt er, wie die Kur in Gais vor sich ging:

„Auf den Alpen schickt sich der Käser um Mitternacht zum Käsen und zur Bereitung der Molken an. Sie werden geseiht, abgefüllt und die Gefäße durch Tücher gegen Wärmeverlust eingeschlagen. Um 3 Uhr machen sich die Sennen auf den Weg und kommen präzise um 6 Uhr mit den noch warmen Molken in Gais

Die Kurhausglocke läutete um 6

an. Bei ihrer Ankunft wird mit der Kurhausglocke geläutet, auf daß die Kurgäste erfahren, daß die Molken gereicht werden. Bei gutem Wetter werden sie auf dem Platz im Freien vor den Gasthäusern, bei schlechter Witterung hingegen in den Kurhallen in größeren und kleineren Gläsern, die 6–14 Unzen halten, geschöpft und ausgeteilt. Dies geschieht von Viertelstunde zu Viertelstunde, wo jedes Mal mit der Glocke ein Zeichen gegeben wird. Es gibt Personen, die 8–9 Gläser trinken. Während des Trinkens spaziert man auf dem Platz, der Promenade oder im Saal umher oder bleibt gegenteilig ruhig sitzen, bis die abführende und harntreibende Wirkung eintritt.“

Wie die Kur im bayerischen Kreuth betrieben worden ist, beschreibt der Königlich-Bayrische Badearzt Rosenmerkel im Jahre 1822:

Kur im bayerischen Kreuth

„Als Kur wird die Molke am besten des Morgens nach einem leichten Frühstück oder noch besser nüchtern getrunken. Man kann mit einem oder zwei Schoppen (1 Schoppen = ¼ Liter) den Anfang machen und täglich, je nachdem es der Magen verträgt und die Krankheit erfordert, um 1 Schoppen bis zu 8, 10 oder 12 die Portionen mit ¼stündigen Pausen steigern. Gegen Ende bricht man wieder langsam ab, so daß die Dauer einer Molkekur 20–24 Tage beträgt. Grundsätzlich muß sich die Kurdauer jedoch nach den Wirkungen ausrichten.“

Der Kemptener Milchwissenschaftler Dr. H. Mair-Waldburg hat hier zitierte Aufzeichnungen über die Anwendung von Molke bei Mol-

◁ ***Löwenzahnsaft gehört zu den klassischen Frischpflanzensäften bei der Molke-Trinkkur. Er wird vom Feld geerntet, wenn er in voller Blüte steht, und erntefrisch verarbeitet*** kentrinkkuren in einem Sonderdruck der Deutschen Molkerei-Zeitung (Nr. 19, Mai 1955) zusammengefaßt. Er schließt diese Publikation mit dem Hinweis:

> *„Es hat den Anschein, als ob die heutige Zeit wieder aufgeschlossen dem Gedanken gegenüberstünde, die Molke in die Reihe naturgegebener Heilmittel einzubeziehen.“*

Mit Molke kurten, die Rang und Namen hatten

Molkenkurorte waren im 19. Jahrhundert, wir würden heute sagen, „total in“. Die große Gesellschaft ganz Europas besuchte sie. So weilte 1838 in Kreuth die Kaiserin von Rußland mit gesamtem Hofstaat zur Kur. Fast jede Saison war auch der Bayerische König Max und seine ganze Familie in dem oberhalb des Tegernsees gelegenen Wildbad Kreuth. In Ischl im Salzkammergut konnte man Kaiser Franz-Josef und seine Gemahlin „Sisi“ auf der Kurpromenade Molke trinken sehen. So gab sich damals in der Tat alles, was Rang und Namen hatte, in den Molkenkurorten die Hand.

Neben der Trinkkur verordneten die Badeärzte auch Molkebäder. Auf einem Stich von A. D. Noe unter dem Titel „Höflichkeit in der Badewanne“ ist eine badende Madame im Diskurs mit einem sie im Bad besuchenden Baron und ein dazu verfaßter belustigender Kommentar dargestellt: „Dieses Abzeug oder Käswasser ist weniger durchsichtig als Wasser. Wie sonst könnte Madame, die doch auf sich hält, in einem derart kaltblütigen Diskurs mit dem Baron verharren und die „Höflichkeit“ so weit treiben, daß sie ihm auf seine artigen Worte „Um Vergebung, gnädige Frau, bemühen Sie sich nicht ...“ auch noch antwortet: „Sie wollen nicht, Herr Baron, daß ich Sie hinausbegleite?“

Kräuter und Kräutersäfte gehörten zur Kur

Von Kräutern und Kräutersäften ist zu reden, denn sie gehören zur klassischen Molkenkur. Auf dem Monte de la Torre in Süditalien, wo die Ärzte der Schule von Salerno ihre Patienten mit Molke behandelten, wurde das Milchvieh mit ausgewählten Heilkräutern gefüttert. In der Milch und daraus gewonnener Molke sollten sich die Heilkräuter-Wirkstoffe wiederfinden. So jedenfalls war die Vorstellung der Ärzte, die sich damals um alles kümmerten, was auf die Qualität von Milch und Molken Einfluß hatte. Klimatische Bedingungen, Weidepflege, Tierhaltung und Fütterung – es gab nichts, was sie außer acht ließen.

Ärzte wie Avicenna und Galenos, die die Molkenheilstätte auf dem „Milchberg" betreuten, hatten durch ihr Studium in Alexandrien gründliche Kenntnisse von Pflanzen und Heilkräutern. Vor allem Galenos (129–199 n. Chr.), der in jener Zeit größtes medizinisches Ansehen besaß, pflegte in besonderer Weise die Therapie mit pflanzlichen Mitteln.

Heilkräuter im Grünfutter

Den Molken von Ziegen und Kühen, deren Grünfutter Kräuter wie Lotus, Polygonum, Melissophyllum oder Rubrum enthielt, wurde eine besondere Heilwirkung zugeschrieben. Zahlreiche Beobachtungen, Erfahrungen und

Angaben über Auswirkungen der Fütterung von Kräutern auf den diätetischen Wert von Milch und Molken sind überliefert. Auch hatte man festgestellt, welche Pflanzen und Kräuter Ziegen, Schafe oder Kühe am liebsten fressen und im Futter bevorzugten. Würzige Gräser und Kräuter, die auf den Kampanischen Hügeln wuchsen, kamen natürlich der Güte von Milch und Heilmolken zugute und sicher hatte man bei der Auswahl des Platzes der Molkenheilstätte daran gedacht.

Kräutersäfte zur Molke

Kennzeichnend für klassische Molkenkuren ist, daß die Patienten mit oder zu den Molken Kräutersäfte erhielten. Heilkräuter wie Kamille, Löwenzahn, Brennessel, Schöllkraut, Schafgarbe, Gänsefingerkraut und Wermut, deren Wirkungen aus der Erfahrung bekannt waren, spielten eine besondere Rolle. Und manches, was die alten Ärzte von diesen Heilpflanzen an Wirkung erwarteten, ist heute von Pharmakologie und Pflanzenheilkunde bestätigt worden. Bei R. F. Weiß, unserem derzeit besten Kenner moderner Pflanzenheilkunde, ist darüber nachzulesen.

In Molkenkurorten und Molkenkuranstalten des 18. und 19. Jahrhunderts hielt man an der aus der klassischen Heilkunst überlieferten gleichzeitigen Verabfolgung von Molke und Kräutersäften fest. Vielfach wurden den Molken frisch gepreßte Kräutersäfte direkt zugesetzt. Die Mischung geschah unmittelbar vor dem Genuß der Molken, nachdem man die Kräuter zuvor kurz gewaschen und durch Leintücher gepreßt hatte. Hierfür gab es genaueste Anweisungen.

Besondere Angaben und Hinweise zu Kuren mit Kräutermolken hatte der Dresdner Arzt

L. Löffler im Jahre 1843 zusammengestellt. Er schreibt darin:

> *„Nicht nur der Umstand, daß in den letzten Jahren die Anzahl der Anstalten zum kurmäßigen Gebrauch der Molken zugenommen hat, sondern auch die guten Erfolge, die ich von denselben in Verbindung mit Kräutersäften gesehen habe, fordert mich auf, über die Anwendung von Kräutermolken einiges zu sagen."*

Kräutermolken

Was er dann auch mit größter Genauigkeit, Sorgfalt und vielen praktischen Hinweisen in seiner Abhandlung tat. Größte Aufmerksamkeit sollte der Arzt bei solchen Kuren jenen Organen zuwenden, die die kritischen Ausscheidungen zu übernehmen haben, die durch Molke und Kräutersäfte herbeigeführt werden – insbesondere Darm, Leber, Nieren und Haut. Von kleinen Mengen Kräutersäften sollte man zu größeren übergehen und von diesen wiederum zu kleinen, wobei stets mit Rücksicht auf den allgemeinen Zustand der Kräfte und das Krankheitsbild die Dosierung zu regulieren und festzulegen sei. Auch dürfe nicht übersehen werden, daß die Molken im Verbund mit ausgewählten Kräutersäften noch kräftiger und heilsamer wirkten als bei alleiniger Verabfolgung.
In der Medizin des 18. und 19. Jahrhunderts wurden Heilkräuter und Heilkräutersäfte als sicher wirkende Naturheilmittel geschätzt, obwohl auch damals schon immer mehr „Fabrikate aus der Pharmazie" zur Verfügung standen. Als Vegetabilien organischen Ursprungs sah man sie dem menschlichen Organismus näher stehen als anorganische Substanzen in mineralischen Präparaten. Auch erachtete man gerade

zur langfristigen Behandlung chronischer Krankheiten Mittel als wünschenswert, die keine gewaltsamen, sondern milde Wirkungen ausüben.

Arzneipflanzen enthalten einen Komplex wirksamer Inhaltsstoffe, die sich erst nach und nach durch moderne pharmakologische Untersuchungsmethoden nachweisen und darstellen lassen. Diesbezüglich erfahren wir zur Zeit ständig Neues. Davon hatten die alten Ärzte selbstverständlich noch keine Kenntnisse und waren auf Beobachtungen am Kranken angewiesen. So ist es besonders reizvoll, in alten Schriften nachzulesen, was man über die Wirkung von Kräutersäften trotzdem schon zu sagen wußte:

Alte Schriften über Kräutersäfte

- Ihre Wirkung ist nicht einseitig stark, sondern vielseitig und von mildem Reiz.
- Sie vermischen sich gut mit den Säften des Darmes und entfalten von dort aus fördernde Wirkungen auf den Verdauungsprozeß.
- Sie regen die Sekretion der Drüsen in Magen- und Darmschleimhäuten an.
- Drüsige Organe des Leibes, vorzüglich Leber und Bauchspeicheldrüse, werden durch sie aktiviert und gangbarer gemacht.
- Sie wecken die Tätigkeit der Nieren.
- Sie beschleunigen durch Vermehrung der Ausscheidungen den Stoffwechsel.
- Peristaltische Bewegungen des Darmes werden durch sie nicht gewaltsam, sondern mäßig beschleunigt.
- Sie befreien das Blut von zurückgehaltenen Ausscheidungsstoffen, beseitigen vorhandene Stockungen und machen die Zirkulation der Säfte freier.

- Der Organismus wird durch sie umgestimmt.
- Sie wirken bei aufgedunsenen, schwammigen, fettleibigen und phlegmatischen Personen mit biliösem oder venösem Habitus am besten.
- Sie erzeugen keine nachträgliche Prostation der Kräfte oder lähmende Schwächen.
- Sie wirken anregend auf die Ausscheidungsfunktionen der Haut.

In den Ohren heutiger Mediziner mag davon einiges in der Aussage zu ungenau klingen. Doch die meisten hier angenommenen Wirkungen sind mit moderner pharmakologischer Untersuchungsmethodik zu bestätigen. Deshalb befindet sich auch die Pflanzenheilkunde im Auftrieb und schickt sich an, zu einem immer wichtigeren Bereich moderner Medizin zu werden.

Wirkungen auf den Darm

Wirkungen, die Molke im Verbund mit Pflanzensäften (speziell aus Wurzeln und Blättern des Löwenzahns) auf Funktionen des Darmes ausübt, hatte L. Löffler in seiner Abhandlung über Kuren mit Kräutermolken hervorgehoben. Deutlich würde die Darmentleerung gefördert, jedoch durch weich-breiige Stühle und nicht mit profusen wäßrigen Entleerungen, die beim Patienten Abspannung und Kräftezehrung hinterlassen. Wie sehr dies stimmt, zeigte sich in einer Studie, bei der die Molke-Trinkkur kürzlich nach überliefertem Modell im Verbund von Molke und Frischpflanzensäften in einem Kneipp-Kurhaus nachvollzogen wurde.

So ist Kräutern und Kräutersäften bei Molkenkuren besondere Bedeutung beizumessen. Ihre Heilwirkungen sind speziell bei der kurmäßigen Behandlung chronischer Krankheiten hoch einzustufen, und wer möchte nicht zustimmen, wenn es in der Abhandlung des Dresdner Arztes L. Löffler heißt:

„Der Zuwachs pharmazeutischer Präparate mit ausgezeichneten Wirkungen hat der Medizin sicher unendlichen Gewinn gebracht. Doch darüber sollte der Gebrauch frischer Pflanzensäfte nicht vernachlässigt werden, da dieselben ganz eigentümliche von den aus ihnen gewonnenen Präparaten unterschiedliche Wirkungen auf den Körper ausüben.“

Molke – was ist das?

Vor 2000 Jahren war Molke nicht nur bei den Ärzten, sondern auch im Volk bekannt. Man wußte, es war das „heilende Wasser“ der Milch.
Heute stößt die Frage, „Kennen Sie Molke und was ist das?“, auf überraschte Sprachlosigkeit. Oder es kommen seltsame Antworten zustande. Nur wenige wissen es genauer. Offenbar ist also Molke – einst als Heilmittel so hoch geschätzt – in Vergessenheit geraten.
Noch heute weiß man natürlich über Molke in Molkereien Bescheid, denn dort fällt Molke an, wenn Milch dickgelegt wird, um Quark oder Käse zu erzeugen.
Als bei Fernsehaufnahmen in einer Allgäuer Sennerei der dort tätige Käser nach Molke befragt wurde, wußte dieser „das Käswasser“ gleich zu loben: „Es ist so wertvoll, daß ich täglich damit gurgle, um Erkältungen zu verhüten und meine Hände darin wasche, um die Haut zu schützen.“ Später hatten dies viele in einer Dokumentation des Bayrischen Fernsehens über Molke und Molke-Trinkkuren gehört und gesehen.
Molke oder das Serum der Milch (Serum lactis) ist eine grünlich-gelbe Flüssigkeit, die sich abscheidet, wenn das Kasein der Milch ausfällt und der Käsebruch entsteht. Ganz frisch besitzt sie einen angenehm säuerlichen Geschmack.

Ihre Farbe stammt von dem wichtigen Milchvitamin Laktoflavin.

Steht Molke etwas länger ab, kann man sie jedoch kaum noch genießen. Gegenüber Verderb ist sie wie eine Mimose empfindlich, und dies ist eines der Probleme, wenn Molke bei Trinkkuren täglich in größerer Menge einzunehmen ist.

Das wiederentdeckte „Abfallprodukt“

In unserer Zeit ist Molke immer mehr in die Rolle eines „Abfallproduktes“ geraten. Meist verfütterte man sie an Schweine oder verarbeitete sie industriell als Rohstoff zur Gewinnung von Milchzucker. Bisweilen wird sie einfach weggeschüttet.

Doch die Wiederentdeckung des von alters her überlieferten Gesundheitswertes der Molke ist in vollem Gang und nicht mehr daran zu zweifeln, daß Molke-Trinkkuren einen Wiederaufschwung erleben. Dafür sprechen Fakten und neue Erfahrungen.

Ernährungsphysiologen und Ärzte schätzen an der Molke, daß sie eine energiearme, sehr kaliumreiche, ausgesprochen natriumarme, praktisch fettfreie und mit Milchvitaminen versehene Flüssigkeit ist, die in Verbindung mit Milchzucker und Milchsäure ein unübertroffen wertvolles Eiweiß (Albumin-Globulin) enthält.

Schon in kleinen Mengen reicht Molkeeiweiß aus, um den täglichen Eiweißbedarf des menschlichen Organismus zu decken. Weitgehend gleicht die Mischung seiner Eiweißbausteine (Aminosäuren) der Zusammensetzung von Eiweißstoffen des menschlichen Blutes. Deshalb ist es so gut in den Eiweißbestand des Körpers einzufügen. Man sagt in der Ernährungswissenschaft: Es hat einen hohen biologischen Eiweißwert.

Inhaltsstoffe der Molke

Neben Vitaminen, Mineralstoffen und hochwertigstem Eiweiß sind Milchzucker (Laktose) und Milchsäure wertgebende Inhaltsstoffe der Molke. Davon wirken Milchzucker und Milchsäure besonders charakteristisch auf das Darmmilieu und die Darmfunktion.

Mit Molke zugeführter Milchzucker ist ein Doppelzucker, der aus Glukose und Galaktose zusammengesetzt ist. Er wird bei der Passage des oberen Dünndarms nicht vollständig aufgeschlossen und aufgesogen, sondern gelangt teilweise unverändert in den unteren Dünndarm und den Dickdarm. Hier wird er durch Bakterien in Milchsäure verwandelt, was dann genau in jenen Regionen des Darmes geschieht, wo eine Anreicherung von Milchsäure nützlich ist, um Fäulnisbakterien zu verdrängen und die Darmmotorik anzuregen. Kein anderer Zucker zeigt diese Verhaltensweise.

Außer Milchsäure, die aus dem Milchzucker der Molke innerhalb des Darmes hervorgeht, enthält Molke auch von sich aus Milchsäure. Diese stammt aus der Aktivität milchsäurebildender Bakterien, die bei der Quark- oder Käseherstellung und der Molkegewinnung verwendet werden. In Süßmolke beträgt ihr Gehalt ca. 0,5%, in Sauermolke ca. 1%.

Bei Molkekuren ist zu beobachten, daß sich Geruch und Beschaffenheit der Darmausscheidungen (Faeces) im Verlaufe der Behandlung ändern. Zunächst faulige Stühle verlieren ihre strengen Gerüche und kommen zu leicht säuerlicher Reaktion. Dies zeigt, wie sich das Darmmilieu unter der Einwirkung von Milchzucker und Milchsäure umstellt und eine Atmosphäre schafft, in der Fäulnisbakterien verdrängt werden. Der Darm wird „entgiftet“.

Mit Molke aufgenommene Milchsäure übt nicht nur einen entgiftenden Effekt auf das Darmmilieu aus. Sie verbessert auch die Aufnahme von Kalzium, Kalium, Phosphat und Magnesium in das Blut. Bezüglich Kalzium ist dies von größter Bedeutung, wenn in der Ernährung bestimmter Personen (Jugendliche, Schwangere, stillende Frauen, ältere Menschen) die Kalziumversorgung kritisch ist. Schließlich ist Milchsäure eine Substanz, deren Zufuhr Magen und Zwölffingerdarm keimfrei halten hilft.
Ein spezieller Wirkstoff, den Molke enthält, ist Orotsäure. Er wurde 1905 von Biscaro und Belloni in der Molke entdeckt. Seine Bezeichnung ist deshalb von der griechischen Vokabel „oros" = Molke abgeleitet worden. Heute weiß man, daß die biologische Aktivität des Orotsäure-Wirkstoffes in einer Hilfestellung beim Aufbau von körpereigenem Eiweiß besteht. So bringt die Molke gleich den Wirkstoff mit, der dazu beiträgt, ihr wertvolles Eiweiß im menschlichen Organismus aufzubauen.

Analytische Daten Frischmolke (pro Liter)

Eiweiß (Molkeprotein)	8,0 g
Milchzucker (Lactose)	46,0 g
Fett	2,0 g
Mineralstoffe	5,0 g
Kalium	1,3 g
Kalzium	0,7 g
Natrium	0,4 g
Laktoflavin (Vitamin B2)	1,5 mg
Kilokalorien (Kcal)	240

Wenig Natrium – viel Kalium

Ein weiteres diätetisches Plus der Molke ist ihr hoher Kalium- und niedriger Natriumgehalt. Das begründet eine hervorragende Wirkung auf die Ausscheidung von Natrium und Wasser aus den Geweben – auch eine spezielle Eignung zum Einsatz in natriumarmen Kostformen, wie man sie bei Bluthochdruck und Nierenerkrankungen braucht. Jeder, der einmal eine Molke-Trinkkur gemacht hat, weiß, wie und in welchen Mengen dabei Wasser gelassen wird.
Obwohl hiermit schon vieles zusammengetragen ist, was Eigenschaften und Zusammensetzung der Molke charakterisiert, bleibt noch immer etwas zu erwähnen übrig: Molke ist cholesterinfrei, da sie das Fett der Milch nicht mehr enthält. Hatten die alten Ärzte also Recht, wenn sie behaupteten, das Serum der Milch ist etwas ganz besonderes?

Molkeeiweiß so wertvoll wie Bluteiweiß

Molke enthält nicht viel Eiweiß. Richtig ist sogar, daß sie eiweißarm ist. Doch das wenige Eiweiß, das sie mit sich führt, hat Spitzenqualität.

Biologisch ist das Eiweiß der Molke erstrangig, weil es eine Mischung von Eiweißbausteinen hat, die der des menschlichen Bluteiweißes ähnlich ist. Es ist deshalb leicht in den Eiweißbestand des menschlichen Körpers einzubauen.

Eiweiß – unentbehrlicher Nährstoff

Eiweiß oder Protein ist ein unentbehrlicher Nährstoff. Er wird zum Aufbau und zur Erhaltung von Funktionseiweiß in Hormonen, Enzymen und Abwehrstoffen sowie zu Aufbau und Ersatz von Struktureiweiß in Körperzellen und Geweben benötigt. Täglich muß, um den Organismus im Eiweißgleichgewicht zu halten, der Bedarf durch aufgenommenes Nahrungseiweiß gedeckt werden. Dies ist mit verschiedenen Eiweißmengen möglich und hängt davon ab, welche biologische Wertigkeit mit der Nahrung zugeführte Proteine besitzen. Ist das aufgenommene Eiweiß sehr hochwertig, kommt der Organismus auch mit überraschend kleinen Mengen aus. Sein Eiweißhaushalt stellt sich auf die Qualität der Eiweißzufuhr ein.

Biologische Eiweißwertigkeit

Nahrungseiweiße bestehen aus Großmolekülen, die 20 verschiedene und jeweils auf bestimmte Weise miteinander verknüpfte Eiweißbausteine

(Aminosäuren) aufweisen. Von diesen Bausteinen sind acht „essentiell", was bedeutet, daß sie mit der Nahrung zugeführt werden müssen. Nicht essentielle Aminosäuren können dagegen im Organismus gebildet werden. So ist klar, daß gerade „essentielle Eiweißbausteine" die biologische Wertigkeit der Nahrungseiweiße beeinflussen.
Jedes in unserer Nahrung zur Verfügung stehende Eiweiß – beispielsweise in Vollei, Milch, Fleisch, Soja, Weizen oder Molke – hat ein charakteristisches Eiweißbaustein-Muster. Demgemäß ist das eine Eiweiß in unserer Ernährung

Wertigkeit einzelner Nahrungseiweiße

Nahrungseiweiße	Wertigkeitsziffern
Molke (Albumin-Globulin)	104
Vollei	100
Kartoffel	98
Rindfleisch	91
Milch	88
Fisch	87
Soja	86
Käse	84
Reis	81
Roggen, Mais	74
Bohnen	73
Erbsen	70
Weizen	56
Gelatine	0

Das mit der Wertigkeitsziffer 100 eingestufte Eiweiß im Vollei wird nur vom Eiweiß der Molke (Albumin-Globulin) übertroffen.

mehr und das andere weniger wert. Will man den biologischen Wert der Nahrungseiweiße einstufen, kommt es auf das in ihnen enthaltene Mischungsverhältnis 20 verschiedener essentieller und nicht essentieller Eiweißbausteine an. Nahrungseiweiße mit einem Baustein-Muster, das dem Eiweißbaustein-Bedarf des menschlichen Organismus am besten entspricht, besitzen höchste biologische Eiweißwertigkeit und können der Versorgung unseres Körpers mit Eiweiß am besten dienen. Kein Nahrungseiweiß schneidet dabei besser ab als das in der Molke befindliche Albumin-Globulin-Eiweiß. Deshalb darf man sagen: Gerade dieses Eiweiß ist Spitze.
Als objektives Maß zur Einstufung der biologischen Eiweißwertigkeit gilt in der Ernährungswissenschaft heute diejenige Menge eines Nahrungseiweißes, die im Minimum pro Kilogramm Körpergewicht und Tag zugeführt, den Eiweißbestand des Körpers aufrechterhält. Man bezeichnet diese experimentell zu ermittelnde Menge als Bedarfsminimum und geht davon aus: Je kleiner das Bedarfsminimum, um so

Minimalbedarf zur Eiweißversorgung

Nahrungseiweiße (Proteine)	Minimalbedarf mg/kg/Tag
Molke-Eiweiß	unter 500 mg
Vollei-Eiweiß	500 mg
Kartoffel-Eiweiß	512 mg
Fleisch-Eiweiß	547 mg
Milch-Eiweiß	568 mg
Soja-Eiweiß	581 mg
Käse-Eiweiß (Kasein-Eiweiß)	597 mg

Bedarfsminima Nahrungseiweiß in mg pro Tag und Kilogramm Körpergewicht (nach Kofrányi u. Jekat) höher die biologische Eiweißwertigkeit. Oder anders ausgedrückt: *Je weniger man von einem Nahrungseiweiß braucht, um sich mit Eiweiß ausreichend zu versorgen, desto wertvoller ist es.*

Die Auflistung zeigt: Von Molke-Eiweiß braucht der Organismus pro Tag und Kilogramm Körpergewicht die kleinste Menge, um seine Eiweißversorgung zu sichern. Was für eine Überraschung, bedenkt man, wie der Nahrungswert von Molke vielfach mißachtet wird.
Das Eiweiß der Molke ist nicht das Eiweiß von Vollmilch, Magermilch oder Buttermilch. Sein diätetischer Wert ist darin begründet, daß es *ausschließlich* das wertvollste Albumin-Globulin-Eiweiß der Milch und nicht mehr Kasein-Eiweiß enthält. Bei der Gewinnung von Molke ist dieses in Quark oder Käse übergegangen und nur das höchstwertige Albumin-Globulin-Eiweiß in der Molke verblieben.
Eines der Ziele von Molkekuren ist, den Organismus unter Umständen auch länger mit einer kleinen Eiweißmenge von jedoch höchster bio-

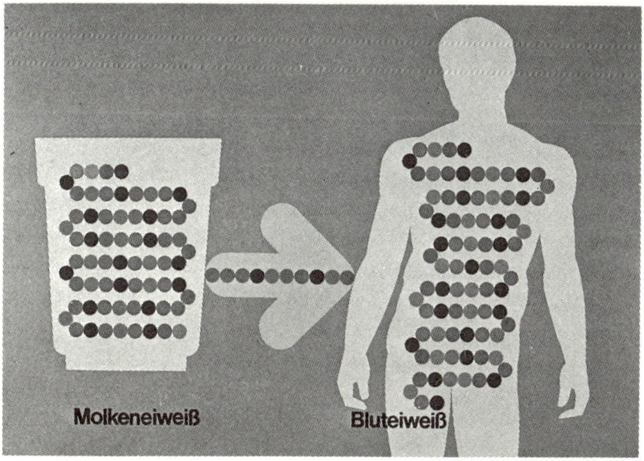

Das Baustein-Muster von Molkeneiweiß entspricht dem des Blutes am besten

logischer Eiweißwertigkeit zu ernähren. Auf diese Weise kann man den Gesamtstoffwechsel ohne Gefahr für das Gleichgewicht im Eiweißhaushalt entlasten

Bei Übergewicht und Nierenerkrankungen beispielsweise ist dies mit Molke und ihrem wertvollen Eiweiß ideal zu erreichen. Ein anderer Fall sind fortgeschrittene Lebererkrankungen. Hierbei ermöglicht die Molke-Trinkkur verhältnismäßig wenig Eiweiß zuzuführen, um innerhalb des Darmes bakterielle Eiweißzersetzungen auszuschließen und die Entgiftungsarbeit der Leber zu entlasten – ohne die Eiweißversorgung zu gefährden.

Offenbar hatten die alten Ärzte dies gewußt, da sie Molke vorzüglich bei Patienten zur Anwendung brachten, deren Leber durch Völlerei und Sauferei zerstört worden war.

Über die Milchsäure der Molke

Milchsäure ist ein wesentlicher, in der Molke vorhandener Wirkstoff – mit vielseitigen Wirkungen auf die Verdauungsvorgänge, die Verdauungsorgane und den Stoffwechsel des Gesamtorganismus. Doch gilt es bezüglich der Milchsäure aufzupassen, denn nicht jede Milchsäureform ist dem menschlichen Organismus zuträglich.

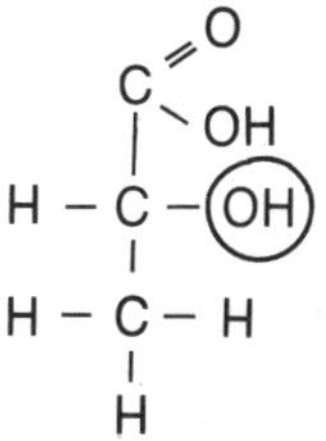

D(−)Milchsäure
(linksdrehend)

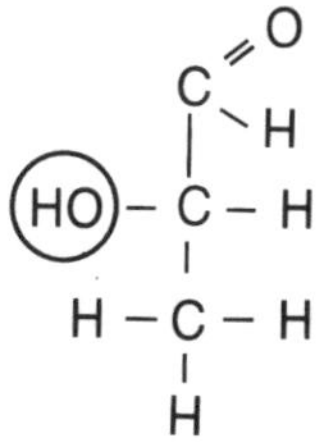

L(+)Milchsäure
(rechtsdrehend)

Die beiden Formeln der Milchsäure

Strukturformel-Modelle der Milchsäure zeigen, daß diese milde organische Säure ein Grundgerüst aus drei Kohlenstoffatomen (C) besitzt, das mit Wasserstoff (H)- und Sauerstoffatomen (O) bestückt ist. Am mittleren Kohlenstoffatom befindet sich auf der einen Seite ein Wasserstoffatom, auf der anderen Seite eine Sauerstoff-Wasserstoff-Gruppe. Beide können die Seiten miteinander tauschen und im spiegelbildlichen Versatz zu stehen kommen. Dies allein ist

das Geheimnis der Tatsache, daß es zwei Formen von Milchsäure gibt, die die Biochemiker als rechtsdrehende L(+)Milchsäure und als linksdrehende D(−)Milchsäure bezeichnen.
Steht die Sauerstoff-Wasserstoff-Gruppe (OH-Gruppe) links vom mittleren Kohlenstoffatom des Grundgerüstes ergibt sich L(+)Milchsäure, die polarisiertes Licht nach rechts dreht und im menschlichen Organismus sofort durch ein körpereigenes Enzym, das zu ihrer Struktur genau paßt, zu verwerten ist.
Bei der D(−)Milchsäure, deren Wasserstoff-Sauerstoff-Gruppe (OH-Gruppe) rechts vom mittleren Kohlenstoffatom des Grundgerüstes steht und polarisiertes Licht nach links dreht, ist dies nicht möglich, da die Oberfläche des körpereigenen, zur Milchsäureverwertung vorgesehenen Enzymes nicht zur Oberfläche dieser Milchsäure-Form paßt. Trifft linksdrehende D(−)Milchsäure auf dieses Enzym, mißlingt das Docking-Manöver und eine direkte Verwertung bleibt aus.

Nur rechtsdrehende L(+)Milchsäure zuträglich

Nur rechtsdrehende L(+)Milchsäure ist deshalb die für den menschlichen Organismus nützliche und zuträgliche Milchsäure-Form. Sie wird der Einfachheit halber auch Rechtsmilchsäure (RMS) bezeichnet. „Rechtsdrehend“ bedeutet dabei nur, daß sie bei einer Untersuchung außerhalb des Organismus – also im Labor – parallel gebündeltes Licht im Polarimeter nach rechts, und nicht wie die andere Milchsäure-Form nach links dreht. Entscheidend für das Verhalten beider Milchsäure-Formen im menschlichen Organismus ist, daß die eine mit dem zu ihrem Umsatz erforderlichen körpereigenen Enzym reagieren kann und die andere nicht.

Experten der Weltgesundheitsorganisation (WHO) betrachten deshalb linksdrehende D(−)Milchsäure als körperfremde Substanz und legten eine Menge fest, die erwachsene Menschen hiervon maximal aufnehmen dürfen.

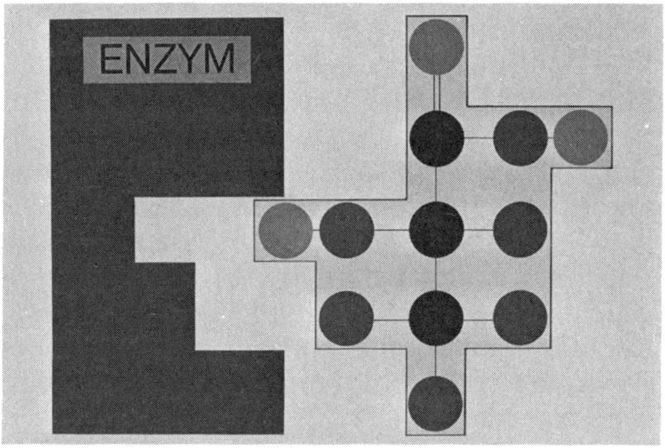

„Docking" zwischen körpereigenem Enzym und L(+)Milchsäure

Sie beträgt 100 mg D(−)Milchsäure pro Kilogramm Körpergewicht und Tag, was bei einem Erwachsenen von 60 Kilogramm Körpergewicht einer Menge von 6000 mg bzw. 6 g D(−)Milchsäure entspricht. Es gibt sogar Experten, die die D(−)Milchsäure-Grenzmenge aufgrund neuer Erkenntnisse entschieden weiter herabzusetzen empfehlen. Mit Rücksicht auf den Stoffwechsel von Säuglingen und Kleinkindern dürfen diese überhaupt keine linksdrehende D(−)Milchsäure zugeführt bekommen.
Sauermilchen, die zur Ernährung zur Verfügung stehen, enthalten Milchsäure auf verschiedene Weise: Entweder vorwiegend rechtsdrehende L(+)Milchsäure, vorwiegend linksdrehende D(−)Milchsäure oder eine gleichteilige Mischung (Racemat) beider Milchsäure-Formen. Welche diesbezüglichen Gegebenheiten

vorliegen, ist von der Wahl der Milchsäurebakterien abhängig, die bei der Herstellung von Sauermilchen zur Beimpfung und Laktofermentation verwendet werden.

Milchsäure – in Sauermilchen

Zur Herstellung von Joghurt eingesetzte Streptokokken und Laktobazillen bilden je zur Hälfte rechtsdrehende L(+)- und linksdrehende D(−)Milchsäure, so daß eine Mischung beider Milchsäure-Formen (Racemat) entsteht. Andere Sauermilchen wie Sanoghurt und Diät-Kurmolke, die mit speziellen Milchsäure-Streptokokken hergestellt sind, enthalten zu etwa 90% rechtsdrehende L(+)Milchsäure. Doch selbst bei Herstellung dieser Spezial-Sauermilchen hängt es zusätzlich von Dauer und Temperatur der Bebrütung ab, welche Milchsäure-Form sich bildet: Nur bei längerer Bebrütungszeit, die aufwendiger und teurer ist, entsteht vorwiegend gewünschte rechtsdrehende L(+)Milchsäure.

Milchsäure, die bei den Stoffwechselprozessen im menschlichen Organismus entsteht, ist immer rechtsdrehende L(+)Milchsäure. Auch daraus geht hervor, daß nur diese Form für den menschlichen Körper naturgegeben ist. Allein in entarteten und stoffwechselgestörten Krebszcllen bildet sich statt physiologischer L(+)Milchsäure linksdrehende D(−)Milchsäure. Demgemäß kennzeichnet ihr Auftreten im Organismus eine Stoffwechselstörung.

Milchsäure in Frischmolke

Absolut frische Molke, die früher in Molkenkurorten und Molkenkuranstalten zu Molkekuren verwendet worden ist, enthielt zunächst ausschließlich rechtsdrehende L(+)Milchsäure. Stand sie jedoch nur kurze Zeit ab, vermehrte sich ihr Gehalt an linksdrehender D(−)Milchsäure, so daß schließlich eine Mischung beider

Milchsäure-Formen entstand. Sicher hing hiermit zusammen, daß man Trinkmolke nicht über den Tag verteilt trinken ließ, sondern die gesamte Tagesportion frühmorgens innerhalb von zwei bis drei Stunden verabfolgte. Man wußte: Frischmolke war schon zur Mittagszeit nicht mehr frisch und unverändert.
Enthält eine zu Molkekuren eingesetzte Sauermolke mit einem Gesamtmilchsäuregehalt von 1% eine gleichteilige Mischung rechts- und linksdrehender Milchsäure, würde mit einer Tagesportion von 1,5 Litern die von der Weltgesundheitsorganisation (WHO) angegebene Grenzmenge linksdrehender D(−)Milchsäure überschritten.

Berechnung der Grenzmenge linksdrehender D(−)Milchsäure

1500 ml Sauermolke mit 1% Gesamtmilchsäure und Milchsäure-Racemat = 1500 ml Molke = 15000 mg bzw. 15 g Gesamtmilchsäure = 7500 mg bzw. 7,5 g rechtsdrehende L(+)Milchsäure + 7500 mg bzw. 7,5 g linksdrehende D(−)Milchsäure

WHO-Tagesgrenzmenge linksdrehende D(−)Milchsäure bei 60 Kilogramm Körpergewicht: 6000 mg bzw. 6 g.

Dieser Rechnung ist zu entnehmen, wie wichtig es ist, bei Molken, die zu Molke-Trinkkuren verwendet werden, darauf zu achten, daß sie vorwiegend und möglichst ausschließlich die für den menschlichen Organismus physiologische rechtsdrehende L(+)Milchsäure enthalten. Nur solche Molken sind bei Kuren ohne Beeinträchtigung des Stoffwechsels in größeren Mengen zuträglich.

Molke-Trinkkur heute

Für Molkekuren in früherer Zeit kam nur Frischmolke zum Ausschank. Noch in der Nacht, so heißt es in überlieferten Berichten, machten sich die Burschen aus den Sennereien auf den Weg, um die Molke zu den Kurgästen zu bringen. Gemeinsam mit frisch gepreßten Säften aus Heilkräutern ist sie dann innerhalb von zwei bis drei Stunden ausgegeben worden.

Molke – ein empfindliches Naturprodukt

Niemals bewahrte man Frischmolke länger als bis zum frühen Vormittag auf, und man wußte, daß sie nach dem Zwölfuhr-Schlagen nicht mehr genießbar war. Molke ist eben ein hochempfindliches Naturprodukt, auf dessen Eigenart man bei Molkekuren Rücksicht nehmen muß.

Absolut frische Molke ist heute im Handel kaum anzubieten. Geschieht es hier und da dennoch, muß mit raschem Umschlagen des Geschmacks, Verschiebungen des Mengenverhältnisses der Milchsäure-Formen und Änderungen des Säuregrades gerechnet werden. Solche Molken kurmäßig mit gleichbleibendem Genußwert und in kleinen über den Tag verteilten Portionen aufzunehmen, ist kaum möglich.

Als es zu Beginn dieses Jahrhunderts immer schwerer wurde, Frischmolke zur Verfügung zu haben, kamen Molkekuren vor allem aus diesem Grund außer Gebrauch. Keinesfalls hatte es daran gelegen, daß ihre seit Jahrhunderten erwiesene Wirkung nicht mehr bekannt war.

Wer jemals den Geschmacksunterschied zwischen frischer und abgestandener Molke erfahren hat, begreift die Problematik einer Erneuerung der überlieferten Molkekur: Sie liegt vor allem darin, eine Molke zu haben, die naturbelassen, jederzeit mit Frischgeschmack trinkbar und im Mengenverhältnis der Milchsäure-Formen stabil ist. Zudem muß sie für den Gebrauch in Haushaltungen und Kurorten erhältlich und bei Kühlstellung im geschlossenen Behältnis eine Zeitlang aufzubewahren sein.

Trockenmolke zur Bereitung von zu Kuren eingesetzter Molke zu verwenden, ist nicht so ratsam. Man weiß, daß Trocknungsprozesse und anschließende Lagerung im trockenen Zustand mit einer gewissen Abwertung der biologischen Qualität des Eiweißes und der Möglichkeit anderer sekundärer Veränderungen der in der Molke enthaltenen Nährstoffe verbunden sind. Zudem stellt Leitungswasser, das zur Auflösung des Pulvers benutzt würde, ein Problem dar: In manchen Regionen enthält es relativ viel Nitrat.

Diät-Kurmolke

Von großem Vorteil ist deshalb, daß es seit einiger Zeit Milchwissenschaft und Milchtechnologie gelungen ist, eine „Diät-Kurmolke" zu gewinnen, die alle zum Einsatz in einer heute brauchbaren Form der Molkekur gewünschten Eigenschaften besitzt. Bei einem Test der Molke-Trinkkur im Kneipp-Kurhaus Heikenberg (Bad Lauterberg) hat sie ihre Bewährungsprobe bestanden. Man kann sie mit gleichbleibendem Genußwert auch bei längeren Kuren täglich in Mengen von 1 bis 2 Litern anstandslos trinken.

Zur Herstellung von Diät-Kurmolke wird nur Milch aus Bio-Agrar-Höfen verwendet, deren Vieh ein rückstandskontrolliertes Futter ohne Zusatz von Antibiotika oder Hormonen bekommt. Tierhaltung und Fütterung sind in diesen Höfen einer Kontrolle unterworfen, die den Prinzipien ökologisch ausgerichteter Landwirtschaft entspricht.

Aus dieser Milch bei der Herstellung von Sanoghurt-Quark gewonnene Sauermolke wird unter schonendsten Bedingungen mit direkter Dampfinjektion nur 2,4 Sekunden auf 85° C erhitzt, dann schockgekühlt und keimfrei abgefüllt. Eine Verringerung der biologischen Wertigkeit des Molkeeiweißes erfährt sie dabei nicht. Dies könnte nur bei Herstellung nach dem Verfahren der indirekten Dampfinjektion der Fall sein, wenn die Molke durch Platten und Röhren geleitet und auf 130°–140° C erhitzt werden müßte.

Ein weiterer diätetischer Vorteil, den „Diät-Kurmolke“ besitzt, ergibt sich aus einer Aufstockung des Gehaltes an wertvollem Albumin-Globulin-Molkeeiweiß. Dieser ist gegenüber von heute in Molkereien anfallender Molke von ca. 2–4 g auf 30 g pro Liter gesteigert. Speziell bei Molke-Trinkkuren gegen Übergewicht (s. Eiweißergänztes Molke-Fasten) sind hierdurch Bedingungen geschaffen, die ernährungstherapeutische Erfolge erleichtern.

Vergleich Molken-Inhaltsstoffe

Nährstoffe	Frischmolke (pro Liter)	Diät-Kurmolke (pro Liter)
Molke-Eiweiß	2–8 g	30,0 g
Milchzucker	ca. 46,0 g	52,0 g
Mineralstoffe	ca. 5,0 g	5,0 g
Kalium	ca. 1,3 g	1,8 g
Kalzium	ca. 0,7 g	1,2 g
Natrium	ca. 0,4 g	0,4 g
Kilokalorien (Kcal)	ca. 240	330

Wirkungen der Molke-Trinkkur aus medizinischer Sicht

Aus heutiger medizinischer Sicht ist das Ziel der Molke-Trinkkur eine intensive ernährungs- und phytotherapeutische Beeinflussung des ganzen Organismus.

In Kombination von Ernährungstherapie mit Molke, Phytotherapie mit Frischpflanzensäften, Hydrotherapie mit Wasseranwendungen nach Kneipp und Bewegungstherapie mit dosierter körperlicher Beanspruchung ergibt sich eine umfassende, naturgemäße Allgemeinbehandlung, die den ganzheitsmedizinischen Prinzipien klassischer Diätetik und alter Heilkunst entspricht.

Beeinflussung von Stoffwechsel und Kreislauf

Unter dem Einfluß der Molkekur werden in erster Linie die für den gesamten Organismus zuständigen Grundfunktionen Stoffwechsel und Kreislauf angeregt. Beide sind für den gesundheitlichen Zustand und die allgemeine Verfassung des Organismus von entscheidender Bedeutung.

Man versteht unter „Stoffwechsel" das gesamte biochemische Geschehen zwischen Nahrungsaufnahme und den Ausscheidungen des Körpers. Es stellt einen für den menschlichen Organismus programmierten Ablauf vielfältigster biochemischer Reaktionen und davon ausgelöster Verwandlungen im Körper vorhandener Substanzen dar.

Ablauf des Stoffwechsels

Zum Ablauf des Stoffwechsels gehört, daß zuerst innerhalb des Verdauungskanales mit der Nahrung aufgenommene Nährstoffe aufgeschlossen und in Blut und Körpersäfte übernommen werden. Daraufhin erfolgt die Verteilung der Nährstoffe an die Zellen des Organismus, damit sie dort verwertet und aus ihnen Energie zu gewinnen ist. Was dann an nicht mehr verwertbaren Substanzen übrigbleibt, ist über die Ausscheidungsorgane aus dem Organismus herauszubefördern. Schließlich muß der Stoffwechselablauf sicherstellen, daß nach jeder Aufnahme von Nahrung und den sich hieraus ergebenden Veränderungen in der Zusammensetzung von Blut und Körpersäften normale Verhältnisse wieder hergestellt werden und der Organismus im „Fließgleichgewicht“ bleibt. Vornehmlich ist dabei der Gehalt des Blutes an elektrisch geladenen Mineralteilchen (Elektrolyten), Wasser, Zucker, Fett, Cholesterin und Eiweiß dauernd zu regulieren.

Dieser skizzierte Ablauf des Stoffwechsels ist nur mit Hilfe des Blutkreislaufes und verzweigter, kleinster Blutgefäße (Kapillaren) möglich. Über das Blut werden Sauerstoff, Nähr- und Wirkstoffe an die Zellen gebracht und Stoffwechselendprodukte zu den Ausscheidungsorganen abtransportiert. So ist kein Stoffwechselvorgang ohne die Kreislauffunktion, die das Blut in Bewegung und im Austausch mit den Zellen hält, denkbar.

Grundsätzlich ist ein Organismus in guter Verfassung, wenn sich das Blut in raschem Umlauf befindet, alle Gewebe mit Sauerstoff und Nährstoffen versorgt sind, jede Zelle ungestört durch „innere Atmung“ Energie entwickelt, alle stofflichen Umsetzungen nach Programm verlaufen,

Stoffwechsel-Endprodukte zügig ausgeschieden werden und jede Veränderung in der Zusammensetzung von Blut, Körpersäften und Zellen rasch reguliert wird.
Wie wichtig es für den Organismus ist, daß die Grundfunktionen Stoffwechsel und Kreislauf optimal funktioneren, machen diese Darlegungen verständlich. *Auf die Molkekur bezogen: In diese Richtung zu wirken und gegebenenfalls vorhandene Störungen auszugleichen, ist ihr übergeordnetes therapeutisches Ziel.*

Verbesserung von Darmmilieu und Darmfunktion

Die Beeinflussung des Stoffwechselablaufes durch Molke beginnt mit ihrer Aufnahme in den Verdauungskanal und ihrer Wirkung auf Darmmilieu und Darmfunktion. Milchzucker und Milchsäure, die sie mit sich führt, reichern in den unteren Darmregionen Milchsäure an und machen das Milieu leicht säuerlich. Lebensbedingungen nützlicher Darmbakterien werden hierdurch verbessert, die von Fäulnisbakterien verschlechtert. Es entstehen weniger bakterielle Zersetzungsprodukte, die vom Darm aus zur Leber gelangen können. In ihrer Entgiftungsarbeit wird die Leber entlastet und unter Bedingungen gesetzt, die bei Lebererkrankungen das Zellgewebe leichter erneuern lassen.
Im Verlaufe von Molke-Trinkkuren ist festzustellen, daß sich die Passagezeit des Darminhaltes verkürzt, die Darmentleerung begünstigt wird, ausgeschiedene Stühle zuvor vorhandenen Fäulnisgeruch verlieren und einen leicht säuerlichen Geruch annehmen. Fast nie kommt es zu wäßrigen Entleerungen, die den Patienten belästigen oder entkräften. In der Regel bleiben die Stühle weich und breiig. Nur in seltenen Fällen vorhandener Milchzucker-Überempfindlichkeit (Laktoseintoleranz) ist dies anders. Man wird

es beim Beginn einer Kur rasch merken und muß sie dann abbrechen.

Entlastung der Leber

Auswirkungen der Molke auf die erste im Darm ablaufende Phase des Stoffwechselgeschehens sind besonders zu werten. Sie haben günstige Rückwirkungen auf den Gesamtorganismus (vor allem die Leber) und sind zweifellos ein spezifischer Effekt der Molke-Trinkkur. Auch die alten Ärzte wußten gerade diesen Vorzug zu schätzen und brachten deshalb Molkekuren vor-

Wirkung der Molke in der ersten Darmphase

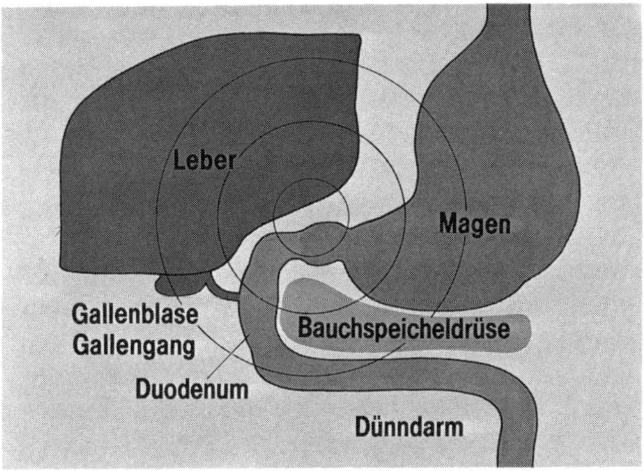

nehmlich bei Störungen der Darmfunktion und zur Entlastung der Leber bei Lebererkrankungen zur Anwendung.

Weitere Auswirkungen der Molke-Trinkkur auf den Gesamtstoffwechsel ergeben sich aus einer Durchspülung und Reinigung des „Grundgewebes“. Gemeint ist das weiche, zellreiche Bindegewebe, das sich im ganzen Organismus zwischen den kleinsten Blutgefäßen (Kapillaren) und den Organzellen erstreckt. Es besteht aus einem Netz von Bindegewebsfasern, in dessen Maschen sich eine gelartige Zwischensubstanz und mit vielfältigen Funktionen betraute „Wanderzellen“ befinden. Man hat es „Grundgewebe“ genannt, weil es der Grund ist, in dem im Organismus alle Organzellen liegen und von dem aus sie durch Zufluß von Nährflüssigkeit aus den Kapillargefäßen versorgt werden.

Beeinflussung des „Grundgewebes“

Für den Organismus stellt das „Grundgewebe“ in der Korridorzone zwischen Kapillargefäßen und Organzellen eine Transitstrecke dar, in der sich der Stoffaustausch zwischen Blut und Organzellen hin- und herbewegt. Nicht nur, was die Organzellen brauchen, auch, was sie an Rückständen abgeben müssen, läuft hier hindurch. So ist verständlich: Je flotter sich der Transit im „Grundgewebe“ vollzieht, um so besser die Bedingungen im Gesamtstoffwechsel.
Das beschriebene Fasernetz des „Grundgewebes“ wird vom Organismus als Depot zur Ablagerung von Natrium, Wasser, Harnsäure und anderen Substanzen benutzt, wenn deren Ausscheidung ungenügend ist und sie sich im Organismus angereichert haben. Das „Grundgewebe“ ist demgemäß eine potentielle „Mülldeponie“ und verliert, wenn es mit Stoffwechsel-Endprodukten aufgeladen ist, seine Funktionstüchtigkeit im Transitverkehr zwischen Blut und Organzellen – mit für den Gesamtorganismus negativen Folgen.
Von großem medizinischem Interesse ist deshalb, daß bei ausreichend langen Molke-Trinkkuren das „Grundgewebe“ durchspült und sein Fasernetz von möglichen Ablagerungen wieder frei werden kann. Seine volle Funktionstüchtigkeit im Dienste des Gesamtorganismus ist daraufhin wiederhergestellt.
Günstige Einflüsse, die die Molke-Trinkkur auf

Die Molke-Trinkkur heute: Frische Salate sind ein wichtiger Bestandteil der Begleitdiät, vgl. Kostpläne ab Seite 80. ▷

Einfluß auf Kreislauf und Blutdruck

die Grundfunktion Kreislauf ausübt, vollziehen sich größtenteils auch über den dargestellten Grundgewebe-Durchspülungs-Effekt. Kapillarmikroskopische Untersuchungen zeigen, daß sich kleinste Blutgefäße im Organismus (Kapillaren), entkrampfen und öffnen, wenn das ihnen direkt benachbarte „Grundgewebe" von aufgespeichertem Natrium, Wasser und Stoffwechselendprodukten befreit wird. Das Blut fließt wieder leichter durch die kapillare Endstrombahn und das Herz kann seine Druckleistung verringern. Zuvor erhöhte Blutdruckwerte sinken ab. Immer wieder ist bei Molke-Trinkkuren festzustellen, wieviel Wasser ausgeschieden wird, und wie sich zuvor erhöhte Blutdruckwerte normalisieren, ohne daß blutdrucksenkende Medikamente zur Anwendung kommen. Untersucht man im Labor den ausgeschiedenen Harn, sind darin reichlich Natrium, Harnsäure und andere Stoffwechselendprodukte vorzufinden.

Man muß sich vorstellen, welchen Vorteil beispielsweise Herzmuskelzellen gewinnen, wenn sie bei Molke-Trinkkuren über eine Reinigung des „Grundgewebes", in das sie eingebettet sind, bessere Bedingungen für den in ihnen ablaufenden Energiestoffwechsel gewinnen. Auch für andere Organzellen ist dies mehr oder weniger gültig. Kombiniert man die Einnahme von Molke mit bestimmten Frischpflanzensäften, lassen sich solche Effekte noch verbessern (beispielsweise durch Weißdorn-Frischpflanzensaft auf Herzmuskelzellen oder Löwenzahn-Frischpflanzensaft auf Leberzellen).

Selbstverständlich ist, daß Molke-Trinkkuren bei geringerer Energiezufuhr Depotfett abbauen, weshalb die Molkekur hervorragend zu

---

◁ ***Weißdorn – der Frischpflanzensaft wird vor allem bei Herzkrankheiten kurmäßig eingesetzt, vgl. Seite 72.***

Gewichtsreduktion

intensiver ernährungstherapeutischer Behandlung von Übergewicht und Fettsucht geeignet ist. Wissenschaftlich ausgedrückt ist sie eine besonders effektive Form eiweißergänzten Fastens, wie es die Ulmer Kliniker um Ditschuneit und Pfeiffer entwickelt haben und erfolgreich bei Übergewicht anwenden.

Eine Beschreibung der Wirkungen, die die Molke-Trinkkur aus heutiger medizinischer Sicht ausübt, darf nicht beendet werden, ohne darauf zu verweisen, wie sehr sie pauschale Risikobefunde, die heute bei vielen Patienten anzutreffen sind, auf einfachste Weise ohne Einsatz von Medikamenten beseitigen hilft. Eine Studie hat hierfür den Beweis geliefert: Nach dreiwöchiger Kur mit Molke und Frischpflanzensäften waren Risikobefunde wie Übergewicht, erhöhter Blutdruck, erhöhter Gehalt des Blutes an Fett oder Cholesterin, erhöhter Gehalt des Blutes an Harnsäure und nicht mehr genaue Regulationen des Blutzuckers entweder wesentlich gebessert oder behoben.

Eiweißergänztes Molke-Fasten bei Übergewicht

Seit erwiesen ist, daß dem Organismus nach vierwöchigem totalem Fasten über 1000 Gramm körpereigenes Eiweiß verlorengeht, sind abgewandelte Formen eines Fastens mit ausgleichender Eiweißzufuhr entwickelt worden. Bei Übergewicht erreichen sie im Ergebnis Gewichtsverluste, die totalem Fasten fast gleich kommen, jedoch Verluste an körpereigenem Eiweiß einschränken oder aufheben. Maßgeblich an dieser Entwicklung war die Stoffwechselabteilung der Ulmer Medizinischen Klinik beteiligt.
Im sogenannten „Ulmer-Trunk“, der aus einem pulverisierten Diät-Präparat herzustellen ist, liegt das bekannteste Ergebnis einer klinisch entwickelten Methode des eiweißergänzten Fastens vor. Eine nach Vorschrift zubereitete Tagesration enthält 33 Gramm gefriergetrocknetes Ei-Albumin-Eiweiß, 25 Gramm Kohlenhydrate und 300 Kilokalorien. Diese tägliche Zufuhr von 33 Gramm Eiweiß ermöglicht, die Eiweißbilanz des Körpers ausgeglichen zu halten und dennoch eine durchschnittliche Gewichtsabnahme von 415 Gramm pro Tag zu erreichen. Bei totalem Fasten beträgt diese durchschnittlich 446 Gramm.
Noch besser als mit dem „Ulmer-Trunk“ läßt sich Intensiv-Ernährungstherapie gegen Übergewicht mit eiweißergänztem Molke-Fasten

durchführen. Voraussetzung ist der Einsatz einer „Diät-Kurmolke“, die mit höchstwertigem Molkeneiweiß angereichert ist und in 1 Liter ca. 30 Gramm Molke-Eiweiß, das heißt ebensoviel wie eine Tagesration „Ulmer-Trunk“, enthält.

Daten „Ulmer-Trunk“ und Diät-Kurmolke

Tagesration „Ulmer-Trunk“		Tagesration Diät-Kurmolke	
Eiweiß (Ei-Albumin)	33 g	Eiweiß (Molke-Eiweiß)	30 g
Kohlen-hydrate	25 g	Milchzucker (Laktose)	52 g
Kilokalorien (Kcal)	375	Kilokalorien (Kcal)	330
Kalium	975 mg	Kalium	1840 mg
Natrium	989 mg	Natrium	450 mg
Wertigkeits-ziffer		Wertigkeits-ziffer	
Ei-Albumin	100	Molke-Eiweiß über	100

Bei einem Vergleich dieser Daten ist festzustellen, daß „Diät-Kurmolke“ nicht nur Eiweiß mit höherer biologischer Wertigkeit enthält, sondern auch mehr Kalium und weniger Natrium in der Tagesration zuführt. Zudem stammen alle Nährstoffe der Molke aus der naturgegebenen Substanz des Milchserums und die des Diät-Präparates sind komponiert. Tatsächlich steht in Molke ein Naturprodukt zur Verfügung, dessen geringer Energiegehalt und naturgegebener Verbund von hochwertigstem Eiweiß, Milchzucker, Milchsäure, Vitaminen und Mineralstoffen beste Voraussetzungen mit sich bringt, um als Solo-Nahrung (Tagesration 1–1,5 Liter) bei Übergewicht eingesetzt zu werden.

Molke – ideal als Solo-Fasten-Nahrung

Molke bringt bei eiweißergänztem Fasten auch einen Teil der Flüssigkeit, die dabei reichlicher aufgenommen werden muß, von sich aus mit – noch dazu versehen mit einem breiten Spektrum von Mineralstoffen und einer Kalium-Natrium-Relation, wie sie besser nicht sein könnte.
Speziell kann das in der Molke vorhandene Eiweiß von keinem anderen in der biologischen Wertigkeit übertroffen werden. Besonders leicht ist es deshalb in den Eiweißbestand des fastenden Organismus einzufügen.

Nicht nur Gewichtsabnahme

Schließlich bringen Molke-Trinkkuren bei Übergewicht nicht nur gewünschte Gewichtsabnahmen, sondern weitere günstige Auswirkungen auf den Gesamtorganismus des Übergewichtigen – wobei Auswirkungen auf Darmmilieu, Darmfunktion, Stoffwechselablauf und Kreislauf hervorzuheben sind. *Insbesondere werden mit Übergewicht häufig verbundene Störungen der Funktionen von Darm und Leber hervorragend beeinflußt.*
Eiweißergänztes Fasten mit „Diät-Kurmolke“ und derem mild-säuerlichen neutralen Naturgeschmack läßt bei den Patienten in der Regel keinen Widerwillen aufkommen, auch wenn sie längere Zeit täglich 1–1,5 Liter trinken müssen. Wie Vollkornbrot, Reis oder Kartoffeln ist Molke ein naturbelassenes Lebensmittel, das man wegen seiner neutralen Geschmackswerte immer zu sich nehmen kann. Ob dies für im Geschmack aromatisierte Diät-Präparate auch zutreffend ist, muß bezweifelt werden.

Ergebnisse der Molke-Trinkkur-Studie im Kurhaus Heikenberg

Um in Erfahrung zu bringen, welche therapeutischen Ergebnisse mit der Molke-Trinkkur kombiniert mit Frischpflanzensäften und eingebunden in eine Kneipp-Kur zu erzielen sind, wurde im Frühjahr 1981 im Bad Lauterberger Kneipp-Kurhaus Heikenberg mit 35 Kurpatienten eine ärztlich kontrollierte Studie durchgeführt.

Am Anfang: Risikobefunde

Aus den Anfangsuntersuchungen geht hervor, daß die meisten der beteiligten Patienten Risikobefunde aufwiesen – vorrangig Störungen der Blutzucker-Verwertung, überhöhte Gehalte des Blutes an Cholesterin, Fett oder Harnsäure, erhöhte Blutdruckwerte und Übergewicht. An manifestierten Krankheiten wurden Bluthochdruck (essentielle Hypertonie), arteriosklerotische Gefäßerkrankungen, Diabetes, Gicht, Fettleber, Gallensteine, Leberschäden und chronische Darmverstopfung diagnostiziert. Von den Patienten mit chronischer Obstipation hatten viele jahrelang und regelmäßig Abführmittel eingenommen.

Während der Studie durchgeführte Untersuchungen betrafen Feststellungen des Körpergewichtes, Blutdruckmessungen und Laboranalysen des Blutzuckers, des Serumcholesterins, der Serumtriglyzeride, der Serumharnsäure und der Leberfunktion. Zudem wurden Zahl, Menge, Konsistenz, Farbe und Geruch der Stühle beobachtet und registriert.

Die Kurdauer betrug drei Wochen. In diesem Zeitraum bekamen die Patienten entweder täglich ausschließlich 1–2 Liter „Diät-Kurmolke“ +80 ml Frischpflanzensäfte (alternativ aus Löwenzahn, Brennessel und Artischocken) oder diese Getränke in Kombination mit einer vorwiegend laktovegetabilen 1000-Kalorien-Reduktionskost. Parallel dazu erhielten die Teilnehmer verordnete Kneippsche Anwendungen und dosierte Bewegungstherapien.

Kombination mit Kneipp-Anwendungen

Inzwischen ist die Auswertung dieser Studie, die in Zusammenarbeit mit der Bad Lauterberger Kneipp-Ärztin Frau Dr. med. C. Hoenck durchgeführt wurde, in der Fachliteratur veröffentlicht*. Auszugsweise heißt es dort:

Die Studie ergab, daß die klassische Molketrinkkur in eine Physiotherapie nach Kneipp gut zu integrieren ist. Die Methodik ist einfach. Sie macht Ernährungstherapie im Rahmen der Kneipp-Kur besonders effektiv.

Zusammenfassung der Wirkung

Die Wirkung der Molke-Trinkkur ist vorzüglich in einer Beeinflussung der Stoffwechsel-Grundfunktion zu sehen: Verdauungsvorgänge werden entlastet, Darmmilieu und Darmfunktion verbessert, die Leber in ihren Funktionen aktiviert und Gelegenheit geschaffen, aufgespeicherte Stoffwechselendprodukte aus dem Grundgewebe (weiches, zellreiches Bindegewebe) zu entfernen. Unter dem Einfluß der Molke-Trinkkur regulieren sich besonders gut

* C. Hoenck u. H. Anemueller: Bericht über therapeutische Ergebnisse klassischer Molkentrinkkur als Heilverfahren im Kneipp-Kurort, Ärztezeitschrift f. Naturheilverfahren, Heft 10, 1981.

Stoffwechselstörungen, die in positiven Glukose-Toleranz-Testen, in Hyperlipoproteinämien (Fettstoffwechselstörungen) oder Hyperurikämie (erhöhtem Harnsäuregehalt des Blutes) zum Ausdruck kommen, als Risikobefunde zu werten sind und Anlaß zu diätetischer Intervention geben müssen. Erfolgreich sind chronische Obstipation und die Folgen eines oft jahrelangen Abführmittel-Mißbrauches zu behandeln.

Molke-Trinkkuren entlasten darüber hinaus die Kreislauf-Grundfunktion, indem sie bewirken, daß es über Ausleitung von Natrium – Elektrolyten aus Gefäßbindegewebe und Kapillarmembranen zur Entspannung der kapillaren Endstrombahn und hiermit auch gegebenenfalls zur Senkung erhöhter Blutdruckwerte kommt.

Auffällig war die Wirkung auf vielfach diagnostizierte Fettstoffwechselstörungen. Soweit erhöhte Serumtriglyzeridwerte (Fettgehalte des Blutes) angetroffen worden waren, lagen sie nach dreiwöchiger Kurzeit niedriger:

Serumtriglyzeride vorher – nachher

Serumtriglyzeride Kurbeginn	Serumtriglyzeride Kurende
217 mg %	142 mg %
204 mg %	114 mg %
290 mg %	179 mg %
179 mg %	126 mg %
186 mg %	103 mg %
217 mg %	194 mg %
232 mg %	175 mg %

Deutlich ließen sich erhöhte Serumcholesteringehalte senken:

Serumcholesterin vorher – nachher

Serumcholesterin Kurbeginn	Serumcholesterin Kurende	Senkung %
280 mg %	198 mg %	29%
303 mg %	221 mg %	26%
272 mg %	215 mg %	21%
284 mg %	205 mg %	28%
328 mg %	200 mg %	39%
370 mg %	295 mg %	20%
309 mg %	207 mg %	31%
416 mg %	295 mg %	29%
316 mg %	205 mg %	35%
271 mg %	181 mg %	33%
277 mg %	198 mg %	28,5%
273 mg %	204 mg %	25%
265 mg %	221 mg %	16,5%
265 mg %	181 mg %	31,5%
270 mg %	201 mg %	25,5%
309 mg %	225 mg %	27%
252 mg %	185 mg %	26,5%

Wertet man die Serumcholesteringehalte von 17 Kurpatienten aus, deren Cholesterinspiegel über 260 mg % lag, ergaben sich nach dreiwöchiger Kurzeit Verringerungen in Höhe von 16–39%. Durchschnittlich konnte in diesem Kollektiv der Serumcholesteringehalt um 28% erniedrigt werden.
G. Schlierf und G. Wolfram geben in „Ernährungstherapie in der Praxis“ an, daß durch diäte-

tische Maßnahmen eine Senkung des Cholesterinspiegels zwischen 10 und 15% zu erwarten ist. Dies wird von den Ergebnissen der Heikenberg-Studie übertroffen.
Eindrucksvoll ließen sich erhöhte Serumharnsäurewerte beeinflussen. Damit wurde die Annahme Thomas Sydenhams (1624–1689), in Molkentrinkkuren ein erfolgreiches Heilverfahren gegenüber Gicht in der Hand zu haben, untermauert.
Der Einfluß von Molke auf das Darmmilieu ist an Beschaffenheit und Geruch der Faeces abzulesen. Meist kann beobachtet werden, daß der Stuhl zuvor vorhandenen Fäulnisgeruch verliert und zu leicht säuerlicher Reaktion kommt.

Serumharnsäure vorher – nachher

Serumharnsäure Kurbeginn	Serumharnsäure Kurende
7,5 mg %	5,8 mg %
9,4 mg %	9,4 mg %
6,4 mg %	5,6 mg %
8,6 mg %	6,1 mg %
8,0 mg %	6,7 mg %
8,9 mg %	7,4 mg %
5,9 mg %	5,0 mg %
6,7 mg %	6,6 mg %
8,6 mg %	5,6 mg %
6,3 mg %	3,9 mg %
8,5 mg %	4,6 mg %
6,0 mg %	5,0 mg %
9,9 mg %	8,8 mg %
10,0 mg %	8,5 mg %

Überdies wird durch Molke die Darmpassagezeit verkürzt und die Darmentleerung begünstigt.
Was den Effekt der Molke-Trinkkur bei Übergewicht angeht, sprechen die in der Heikenberg-Studie festgehaltenen Anfangs- und Endgewichte (Kilogramm) für sich selbst:

Körpergewicht vorher – nachher

Körpergewicht Kurbeginn	Körpergewicht Kurende	Gewichtsabnahme
104,7 kg	99,0 kg	5,7 kg
63,6 kg	60,5 kg	3,1 kg
67,0 kg	63,5 kg	3,5 kg
94,4 kg	88,7 kg	5,7 kg
90,5 kg	83,2 kg	7,3 kg
87,8 kg	84,0 kg	3,8 kg
82,5 kg	77,3 kg	5,2 kg
74,1 kg	70,6 kg	3,5 kg
69,3 kg	63,5 kg	5,8 kg
76,3 kg	73,0 kg	3,3 kg
83,6 kg	78,9 kg	4,7 kg
102,4 kg	99,0 kg	3,4 kg
82,5 kg	79,2 kg	3,3 kg
106,0 kg	102,0 kg	4,0 kg
81,7 kg	77,6 kg	4,1 kg
90,3 kg	87,0 kg	3,3 kg
91,0 kg	87,0 kg	4,0 kg

Erfolge bei Verstopfung

In besonderer Weise sind in der Heikenberg-Studie beobachtete Erfolge der Molke-Trinkkur bei chronischer Obstipation (Verstopfung) und teilweise jahrzehntelangem Laxantien-Abusus

(Mißbrauch von Abführmitteln) anzumerken. So konnten in allen Fällen im Verlauf der Kur bei selbstverständlich ausgesetzter Abführmittel-Medikation spontane und regelmäßige Entleerungen eines meist weichbreiigen Stuhles erreicht werden. Dabei war vielfach hilfreich, durch Zulage von 1–3 Eßlöffeln Leinsaat oder Lactokleie (rückstandsfreie Weizenkleie + Laktose) zur Anreicherung des Darminhalts Ballaststoffe zuzuführen.

Keine Klagen über Unverträglichkeit

Über Unverträglichkeit der Kurmolke ist von keinem Teilnehmer der Heikenberg-Molke-Trinkkur geklagt worden. Selbst bei Gastritisbefund wurde der leicht säuerliche Geschmack nicht beanstandet. Geringfügige Unpäßlichkeiten waren bei einigen Kurpatienten nur in den ersten vier bis fünf Kurtagen in Form leichter Kreislaufstörungen oder als Blähungen und Völlegefühl aufgetreten. Solche Störungen waren jedoch relativ rasch wieder behoben.

Bemerkenswert ist, daß unter den Heikenberger Kurpatienten kein Fall von Laktose-Intoleranz zu beobachten war. Es muß jedoch hierauf vor und bei Beginn von Molke-Trinkkuren geachtet und schon bei der Aufnahmeuntersuchung nach Symptomen einer Milchzucker-Überempfindlichkeit gefragt werden.

Erfolge bei Risikobefund

Am bemerkenswertesten erscheint die Tatsache, daß es mit Hilfe eines so einfachen diätetischen Verfahrens möglich war, mehrere oft kombiniert diagnostizierte Risikobefunde (Übergewicht, Hypertonie, Hypercholesterinämie, Hypertriglyzeridämie, Hyperurikämie, Störungen der Glukose-Toleranz, chronische Obstipation) pauschal wirksam zu beeinflussen. Im Rahmen klinisch-stationärer Therapie würden hierzu in der Regel neben einer meist wenig erfreulichen Ernährung mehrere Medikamente eingesetzt, bei denen Nebenwirkungen nicht auszuschließen sind. Auch würden die Kosten sehr viel höher liegen – abgesehen davon, daß medikamentöse Therapie den Kranken nicht motiviert, seine Lebens- und Ernährungsgewohnheiten so auszurichten, daß ein neuerliches Auftreten behandelter Risikobefunde zu vermeiden ist.

So ist dieser Bericht auch im Sinne eines Plädoyers zur Wiedereinführung einfacher Naturheilverfahren in die Therapie moderner Medizin aufzufassen, was der Heidelberger Physiologe H. Schäfer bekanntlich fordert, um ärztliches Handeln weniger kostspielig, weniger risikoreich und effektiver zu machen.

Wann und wozu Molke-Trinkkuren?

Indikationen der Molke-Trinkkur

1. Pauschaler Risikobefund bei Vorsorgeuntersuchungen (Übergewicht, erhöhte Blutdruckwerte, erhöhter Serumcholesteringehalt, erhöhter Gehalt der Serumtriglyzeride, erhöhter Serumharnsäuregehalt, positiver Zucker-Belastungstest, chronische Darmverstopfung)
2. Diagnostizierte ernährungsabhängige Herzinfarkt-Risikofaktoren (erhöhte Blutdruckwerte, erhöhte Gehalte des Blutes an Cholesterin und/oder Triglyzeriden, diabetische Stoffwechselstörung, Übergewicht)
3. Übergewicht und Fettsucht (Adipositas)
4. Bluthochdruck (essentielle Hypertonie)
5. Arteriosklerotische Blutgefäßerkrankungen in Begleitung ernährungsabhängiger Stoffwechselstörungen
6. Zustand nach Herzinfarkt, Hirninfarkt oder Hirnblutung in Verbindung mit Übergewicht und Stoffwechselstörungen
7. Purinstoffwechselstörungen (erhöhte Harnsäuregehalte des Blutes) und manifestierte Gicht mit Gelenkentzündungen und Gelenkveränderungen durch Harnsäureablagerungen
8. Chronische Obstipation, Störungen von Darmmilieu und Darmfunktion, intestinale Autointoxikation

9. Abführmittel-Mißbrauch bei chronischer Darmverstopfung
10. Chronische Erkrankungen der Leber- und Gallenwege (chronische Hepatitis, Leberzirrhose, Gallensteine)
11. Fortgeschrittene Leberzirrhose mit Umgehungskreislauf und Beeinträchtigung der Hirnfunktion durch vom Darm aus resorbierte Produkte bakterieller Eiweißzersetzung
12. Zustand nach Vergiftungen und hiervon ausgelösten Leberschäden
13. Leberschäden nach intensiver Chemotherapie
14. Chronisch-entzündliche Erkrankungen der Haut
15. Ernährungstherapeutische Unterstützung hautkosmetischer Behandlungen
16. Periodische Entlastungen der Verdauungsorgane und des Gesamtstoffwechsels

Kurprogramme

Die Dauer von Molke-Trinkkuren kann einige Tage bis zu vier Wochen betragen. Gegebenheiten des einzelnen Falles und individuelle Möglichkeiten, eine Kur durchzuführen, werden Zeit, Dauer und Auswahl der Kurprogramme zu bestimmen haben.

Kurprogramm 1 Solo-Molke-Trinkkur

- Ausschließlich „Diät-Kurmolke“ + Frischpflanzensäfte + Kräutertees

  1. Tag: ¼ Liter „Diät-Kurmolke“ in Portionen über den Tag verteilt + ungesüßte Kräutertees bis zu 3 Liter Gesamtflüssigkeit. 80 ml Frischpflanzensaft in 5–7 Portionen.

  2. Tag: ½ Liter „Diät-Kurmolke“ in Portionen über den Tag verteilt + ungesüßte Kräutertees bis zu 3 Liter Gesamtflüssigkeit. 80 ml Frischpflanzensaft in 5–7 Portionen.

  3. Tag: 1 Liter „Diät-Kurmolke“ in Portionen über den Tag verteilt + ungesüßte Kräutertees bis zu 3 Liter Gesamtflüssigkeit. 80 ml Frischpflanzensaft in 5–7 Portionen.

  Ab 4. Tag weiter wie Programm 3. Tag. Evtl. Tagesmenge „Diät-Kurmolke“ auf 1,5–2 Liter steigern.

Kurprogramm 2

Molke-Trinkkur + 1000 Kalorien-Reduktionskost

- „Diät-Kurmolke" + Frischpflanzensäfte + Kräutertees + 1000 Kalorien-Reduktionskost

  1. Tag: ¼ Liter „Diät-Kurmolke" in Portionen über den Tag verteilt + ungesüßte Kräutertees. 80 ml Frischpflanzensaft in 5–7 Portionen. 1000 Kalorien-Reduktionskost nach Kostplan.

  2. Tag: ½ Liter „Diät-Kurmolke" in Portionen über den Tag verteilt + ungesüßte Kräutertees. 80 ml Frischpflanzensaft in 5–7 Portionen. 1000 Kalorien-Reduktionskost nach Kostplan.

  3. Tag: 1 Liter „Diät-Kurmolke" in Portionen über den Tag verteilt + ungesüßte Kräutertees. 80 ml Frischpflanzensaft in 5–7 Portionen. 1000 Kalorien-Reduktionskost nach Kostplan.

  Ab 4. Tag Fortsetzung Programm wie 3. Tag. Evtl. Tagesmenge „Diät-Kurmolke" auf 1,5 Liter steigern.

Kurprogramm 2
Abwandlung

An Stelle der 1000 Kalorien-Reduktionskost als Begleitdiät *ausschließlich* geriebene Möhren, geriebene Äpfel und ungezuckerte Heidelbeeren (frisch oder tiefgekühlt). Keine Zusätze, z.B. Zitrone, Zucker oder Salz. Möhren, Äpfel oder Heidelbeeren gut waschen und reinigen, nicht nach Zerkleinerung stehen lassen. Tagesmenge auf drei Mahlzeiten verteilen. Gründlich kauen und langsam essen.

Wer den Kurerfolg intensivieren möchte (vorzüglich in der Auswirkung auf Darm und Darmfunktion) und es sich zutraut, sollte diese Programm-Variante wählen.

Kurprogramm 3 Molke-Trinkkur + 2000 Kalorien-Grunddiät

- „Diät-Kurmolke“ + Frischpflanzensäfte + Kräutertees + 2000 Kalorien-Grunddiät.

1. Tag: ¼ Liter „Diät-Kurmolke“ in Portionen über den Tag verteilt + ungesüßte Kräutertees. 80 ml Frischpflanzensäfte in 5–7 Portionen. 2000 Kalorien-Grunddiät nach Kostplan.

2. Tag: ½ Liter „Diät-Kurmolke“ in Portionen über den Tag verteilt + ungesüßte Kräutertees. 80 ml Frischpflanzensäfte in 5–7 Portionen. 2000 Kalorien-Grunddiät nach Kostplan.

3. Tag: 1 Liter „Diät-Kurmolke“ in Portionen über den Tag verteilt + ungesüßte Kräutertees. 80 ml Frischpflanzensäfte in 5–7 Portionen. 2000 Kalorien-Grunddiät nach Kostplan.

Ab 4. Tag: Fortsetzung. Programm wie 3. Tag. Evtl. Tagesmenge „Diät-Kurmolke“ auf 1,5 Liter steigern.

Besondere Hinweise zu den Kurprogrammen

Ärztliche Aufsicht

- Solo-Molke-Trinkkuren (Kurprogramm 1) über 2 Wochen hinaus sollten nur in Verbindung mit dem behandelnden Arzt oder unter ärztlicher Aufsicht in Kurorten durchgeführt werden.

Kein Zucker

- Bei Solo-Molke-Trinkkuren (Kurprogramm 1) ist keine weitere Nahrung aufzunehmen – insbesondere müssen Zucker, gesüßte Getränke und Süßigkeiten absolut ausgeschaltet bleiben.

Trinkmenge

- Tägliche Trinkmengen „Diät-Kurmolke" können bei Solo-Molke-Trinkkuren (Kurprogramm 1) auf 1–2 Liter gesteigert werden. Hierdurch erhöht sich die Energiezufuhr von ca. 330 Kcal (bei 1 Liter „Diät-Kurmolke") auf 495 bzw. 660 Kcal/Tag.
- Die zu den Kurprogrammen empfohlene Molke ist als *Heirler Diät-Kurmolke* in Reformhäusern erhältlich. Sie erfüllt gewünschte ernährungsphysiologische Voraussetzungen.

Aufbewahrung

- Bei geöffneter Flasche ist „Diät-Kurmolke" kühl zu halten. Nur bei zuträglicher Kühlung bleibt auch ihr Geschmack optimal.
- Jeweilige Portionen „Diät-Kurmolke" sind langsam und in kleinen Schlucken aufzunehmen.
- Zur Ergänzung der Flüssigkeitsaufnahme empfehlen sich vorzüglich Kräutertees aus

Kamille, Fenchel oder Hagebutten. Sollten Mineralwässer bevorzugt werden, müssen sie kohlensäure- und natriumarm sein.

Frischpflanzensäfte

- Schoenenberger Frischpflanzensäfte sind in Reformhäusern in den Originalflaschen mit 160 ml Inhalt erhältlich. Bei Einnahme von 80 ml Frischpflanzensaft/Tag reicht eine Originalflasche für zwei Kurtage. Nach Öffnung der Flaschen sind Frischpflanzensäfte kühl zu stellen.
- Um den etwas bitteren Geschmack der Frischpflanzensäfte zu mildern, ist Verdünnung mit Mineralwasser ratsam.
- Die Einnahme der Frischpflanzensäfte während der Kur ist nach folgendem Turnus vorzunehmen: 1.–2. Kurtag: Brennessel-Frischpflanzensaft (jeweils 80 ml) 3.–4. Kurtag: Löwenzahn-Frischpflanzensaft (jeweils 80 ml) 5.–6. Kurtag: Artischocken-Frischpflanzensaft (jeweils 80 ml).
- Bei gegebener Indikation (z. B. Altersherz, Herzkranzgefäßleiden, Zustand nach Herzinfarkt) ist während der gesamten Kurdauer ausschließlich Weißdorn-Frischpflanzensaft empfehlenswert.

Begleitdiät

- Die Kostpläne zur Begleitdiät der Kurprogramme 2 und 3 sind auf Gehalte an Kalorien, Kohlenhydraten, Fett und Eiweiß bilanziert. Im Kurverlauf sind die einzelnen Tageskostpläne austauschbar.

Fette

- Als Zubereitungs- und Aufstrichfett sind in der Begleitdiät naturbelassenes Sonnenblumenkaltpreßöl (Vitaquell), Reformhaus-Pflanzenfett mit ca. 60% Sonnenblumenkaltpreßöl (Vitagen), Reformhaus-Margarine mit ca. 15% naturbelassenen Kaltpreßölen (Vitaquell-Extra), Heirler „streichfein“ (streichfähige Sahne mit 25% Fett), frische Sahne und frische Butter zu empfehlen.

- Die in Kostplänen und Rezepten angeführten Vollwert-Lebensmittel sind in Reformhäusern erhältlich.

Neben-erscheinungen

- In manchen Fällen sind in den ersten Tagen einer Molke-Trinkkur leichte Beschwerden durch Völlegefühl und Blähbauch möglich. Ursache ist eine durch die Molke bewirkte Umstellung der Darmbakterienflora und des Darmmilieus. In der Regel verschwinden sie ab 4.–6. Kurtag.
- Subjektive Kreislaufbeschwerden in den ersten Tagen einer Solo-Molke-Trinkkur sind harmlos und durch Trinken von schwarzem Tee (statt Kräutertee) zu beeinflussen.
- Gegebenenfalls sind im Rahmen der Kurprogramme tägliche Zulagen von Ballaststoffen aus Lactokleie (1–2 Eßlöffel/Tag) angezeigt und nützlich (Lactokleie = rückstandskontrollierte und praktisch rückstandsfreie Weizenkleie + Milchzucker).

Kurgeeignete Frischpflanzensäfte

So war es immer bei Molkenkuren gewesen: Zusätzlich hatten die Ärzte Kräutersäfte verordnet und vor allem jene, von denen man wußte, daß sie auf Verdauungsorgane und Stoffwechsel anregend wirken. Da Molke etwas gleiches bewirkt, erwartete man von den Heilpflanzen eine Ergänzung und Verstärkung des Kurerfolges.

Im Vergleich zu früher ist das heutige Wissen über Heilpflanzen und deren wirksame Inhaltsstoffe beachtlich erweitert. Manches, was früher nur durch Erfahrung zu belegen war, ist durch moderne Forschung zu gesicherten Ergebnissen gebracht worden. Ein bedeutsames medizinisches Fachgebiet, die Phytotherapie, ist hieraus hervorgegangen.

Erkenntnisse durch moderne Forschung

Einige Ärzte haben sich besonders hervorgetan, Heilpflanzen und ihre Wirkstoffe wissenschaftlich darzustellen und ihre Anwendungsmöglichkeiten zu beschreiben. Für Dr. med. R. F. Weiss, der ein weltweit anerkanntes Lehrbuch der Phytotherapie geschrieben hat, trifft dies in erster Linie zu. Daneben sind Professor Dr. med. R. Hänsel vom Berliner Universitätsinstitut für Pharmakognosie und Phytochemie, sowie der bekannte Kneipp-Arzt Dr. med. W. Brüggemann zu nennen. Keinesfalls darf man in diesem Zusammenhang den Biologen Dr. H. Gerhard vergessen. Er ist als Herausgeber des

Kalenders „Magstadter Hausfreund“ bekannt und in dieser Tätigkeit seit Jahrzehnten bemüht, Ergebnisse wissenschaftlicher Heilpflanzenforschung volkstümlich und für jedermann verständlich darzustellen.
Schon in den 30iger Jahren hatte der Apotheker Walther Schoenenberger die Vorstellung und das Ziel, Heilpflanzen unter Verwendung aller Pflanzenteile schonend auszupressen und keimfrei als Frischpflanzensäfte abgefüllt zur Vorbeugung und Behandlung gesundheitlicher Störungen ganzjährig zur Verfügung zu stellen.

Welche Säfte eignen sich?

Diese Frischpflanzensäfte sind auch zum Einsatz in heutigen Molke-Trinkkuren bestens geeignet und haben sich in der Heikenberger Molke-Trinkkur-Studie gut bewährt. Am besten nimmt man Säfte aus Löwenzahn, Brennessel und Artischocken. Sie beeinflussen die Sekretion der Verdauungsdrüsen, das weiche, zellreiche Bindegewebe (Grundgewebe), den Zellstoffwechsel und die Ausscheidungsorgane. Will man speziell auf den Stoffwechsel des Herzmuskels einwirken – beispielsweise bei Altersherz oder Herzmuskelschädigungen –, ist Weißdorn-Frischpflanzensaft angezeigt.
Um gewünschte Wirkungen aus der Pflanzensaftverabfolgung im Verlaufe von Molke-Trinkkuren zu erzielen, sollten die täglich verordneten Mengen nicht zu klein sein. Auch in den Molkenkurorten und Molkenkuranstalten früherer Zeit sind Kräutersäfte in größeren Mengen gegeben worden. Man hatte sie zu gleicher Zeit mit den Molken ausgeschenkt oder auch, wie in alten Kuranweisungen beschrieben, mit den Molken vermischt. 80 ml Frischpflanzensaft pro Tag, in kleinen Portionen über den Tag verteilt, sind – auch aufgrund von Erfahrungen

aus der Heikenberger Molke-Trinkkur-Studie – eine empfehlenswerte Tagesmenge.
Originalflaschen Schoenenberger Frischpflanzensaft enthalten jeweils 160 ml. Dementsprechend reicht ihr Inhalt für zwei Kurtage, wenn täglich 80 ml Frischpflanzensaft verordnet sind.
Folgender Turnus, in dem Frischpflanzensäfte bei Molkekuren zu trinken sind, hat sich bewährt:

1.–2. Kurtag: Brennessel-Frischpflanzensaft (jeweils 80 ml)
3.–4. Kurtag: Löwenzahn-Frischpflanzensaft (jeweils 80 ml)
5.–6. Kurtag: Artischocken-Frischpflanzensaft (jeweils 80 ml)
7.–8. Kurtag: Fortsetzung Brennessel-Frischpflanzensaft etc.

Brennessel-Frischpflanzensaft

Aus den Blättern des Brennesselkrautes (Herba urticae) gewonnen. Die Wirkung ist auf eine größere Zahl von Inhaltsstoffen zurückzuführen. Möglicherweise sind davon nicht alle bekannt. Ein besonderer Einfluß auf das weiche, zellreiche Bindegewebe (Grundgewebe) ist anzunehmen. Sicher ist, daß Brennessel-Frischpflanzensaft die Funktion der Nieren anregt und die Harnausscheidung (Diurese) fördert.

Löwenzahn-Frischpflanzensaft

Aus Wurzeln und Blättern des Löwenzahns (Radix et Herba Taraxaci). R. F. Weiss nennt in seinem Lehrbuch der Phytotherapie drei Hauptwirkungen:

1. Anregung der Tätigkeit der großen Ausscheidungsdrüsen (Leber, Nieren)
2. Aktivierung des Stoffwechsels
3. Beeinflussung des Bindegewebes (weiches, zellreiches Bindegewebe).

In besonderer Weise beeinflußt Löwenzahn-Frischpflanzensaft die Leberfunktion.

Artischoken-Frischpflanzensaft

Aus Hüllblättern und Wurzeln der Artischocke (Cynara Scolymus). Wichtigster Wirkstoff die aromatische Verbindung Cynarin. Bewirkt hauptsächlich verbesserte Entleerung der Gallenblase und vermehrten Gallenfluß – zusätzlich eine unmittelbare Anregung der Leberzellfunktionen (n. R. F. Weiss).

Weißdorn-Frischpflanzensaft

Aus Blättern, Blüten und Früchten des einheimischen Weißdorns (Folia, Flores et Fructus Crataegi). Nach R. F. Weiss „das ausgesprochene Mittel für degenerative Zustände am Herzen". Seine Inhaltsstoffe wirken vorzüglich auf den Stoffwechsel der Herzmuskelzellen, verbessern deren Sauerstoffnutzung und fördern die Durchblutung des Herzmuskels. Wichtigste Indikationen: Altersherz, Erkrankungen der Herzkranzgefäße und das noch nicht versagende Herz bei Bluthochdruck (n. R. F. Weiss).

Weitere Informationen über Heilpflanzen, Heilpflanzensäfte, Kuren mit Frischsäften, klassische Diätetik oder zeitgemäße Ernährung:

R. F. Weiss: Moderne Pflanzen-Heilkunde (Sanitas-Verlag, Bad Wörishofen)

A. Poletti – H. Schilcher – A. Müller: Heilkräftige Pflanzen in Farbe – Erkennen, Sammeln, Anwenden (Hädecke Verlag, Weil der Stadt)

W. Schoenenberger: Gesund durch natürliche Säfte (Econ Verlag u. Goldmann Taschenbuch)

Marlis Weber: Gesund und fit mit frischen Säften (Hädecke Verlag, Weil der Stadt)

H. Anemueller: Gesund leben – aber wie? (Hippokrates Verlag, Stuttgart)

Kostpläne und Rezepte zur Begleitdiät

Reduktionskost ca. 4200 kJ/1000 kcal

Frühstück

Pikanter Milchimbiß

100 g	Cottage Cheese (1/2 Becher)
5	Radieschen
	Gartenkresse (1/2 Portion)
	Einige Tropfen Zitrone
10 g	Roggenflachbrot
5 g	Butter o. Pflanzenmargarine

Grunddiät ca. 8400 kJ/2000 kcal

Frühstück

Pikanter Milchimbiß

100 g	Cottage Cheese (1/2 Becher)
5	Radieschen
	Gartenkresse (1/2 Portion)
	Einige Tropfen Zitrone
10 g	Roggenflachbrot
1	Scheibe Vollkornbrot
20 g	Butter o. Pflanzenmargarine
10 g	Bienenhonig o. Konfitüre
20 g	Soja-Brotaufstrich (Portionsdose)

Mittagessen

Gelbe Rüben-Salat

150 g	Möhren
1	Prise Salz, Pfeffer, Zucker
1	kleine Zwiebel (30 g)
1 Tl	Obstessig
1 Tl	Kaltpreßöl

Gedünstete Auberginen u. Tomaten

200 g	Auberginen
1 El	Öl
1	kleine Zwiebel (ca. 30 g)
1	kleine Tomate (60 g)
1	Prise Zucker, Pfeffer, Salz, getr. Thymian, Petersilie, einige Tropfen Soja-Sauce
30 g	Vollreis

Quarkcreme mit Sanddornsauce

50 g	Magerquark
1/2 Tl	Vanillezucker
1 Tl	Zitronensaft
3 El	Milch
	Etwas abger. Zitronenschale (ungespritzt)
2 El	Sanddorn-Vollfrucht, gesüßt

Mittagessen

Gelbe Rüben-Salat

150 g	Möhren
1	Prise Salz, Pfeffer, Zucker
1	kleine Zwiebel (30 g)
1 Tl	Obstessig
1 El	Kaltpreßöl

Gedünstete Auberginen u. Tomaten

200 g	Auberginen
1 Tl	Öl
1	kleine Zwiebel (ca. 30 g)
1	kleine Tomate (ca. 60 g)
1	Prise Zucker, Pfeffer, Salz, getr. Thymian, Petersilie, einige Tropfen Soja-Sauce
60 g	Vollreis

Quarkcreme mit Sanddornsauce

100 g	Magerquark
1 Tl	Vanilllezucker
1 El	Zitronensaft
6 El	Milch
	Etwas abger. Zitronenschale (ungespritzt)
2 El	Sanddorn-Vollfrucht, gesüßt

Reduktionskost ca. 4200 kJ/1000 kcal

Abendessen

Apfel-Karotten-Sellerie-Rohkost

50 g	Apfel
100 g	Karotten
50 g	Sellerie
1 Tl	Kaltpreßöl
1 El	Sauermilch
	Zitronensaft, 1 Prise Zucker

Buchweizen „Feinschmecker-Art"

40 g	Buchweizen
1 Tl	Kaltpreßöl
125 g	Porree
1/8 l	Wasser
	Hefestreuwürze

Grunddiät ca. 8400 kJ/2000 kcal

Abendessen

Apfel-Karotten-Sellerie-Rohkost

50 g	Apfel
100 g	Karotten
50 g	Sellerie
1 El	Kaltpreßöl
1 El	Sauermilch
	Zitronensaft, 1 Prise Zucker

Buchweizen „Feinschmecker-Art"

60 g	Buchweizen
1 El	Kaltpreßöl
150 g	Porree
200 ml	Wasser
	Hefestreuwürze

Rezepte

Pikanter Milchimbiß: Cottage Cheese (körniger Frischkäse) mit einer Gabel auflockern. Radieschen in Scheiben schneiden und mit einigen Tropfen Zitrone daruntermischen. Kresse waschen, gut abtropfen lassen und darüberstreuen.

Gelbe Rüben-Salat: Möhren putzen, waschen und im Ganzen in etwas Wasser nicht zu weich kochen. Zwiebel in kleine Würfel schneiden und mit Öl, Obstessig, etwas Kochwasser von den Möhren, je einer Prise Salz, Pfeffer und Zucker zu einer Sauce rühren. Möhren in Scheiben schneiden, Sauce darübergießen und durchziehen lassen.

Gedünstete Auberginen und Tomaten: Auberginen waschen, in Würfel schneiden und in heißem Öl rundum kräftig anbraten. Zwiebel kleinhacken und 10 Minuten mit den Auberginen dünsten. Tomaten kleinschneiden, dazugeben und alles 5 Minuten bei kleiner Hitze kochen lassen. Mit den Gewürzen abschmecken und mit gehackter Petersilie bestreuen.

Quarkcreme mit Sanddornsauce: Quark mit Vanillezucker, Zitronensaft, Milch und etwas abgeriebener Zitronenschale glattrühren. In eine Glasschale füllen, Sanddornsaft darübergießen und gut gekühlt servieren.

Apfel-Karotten-Sellerie-Rohkost: Karotten und Sellerie putzen und zusammen mit dem Apfel reiben. Öl, Sauermilch, Zitronensaft und 1 Prise Zucker daruntermischen.

Buchweizen „Feinschmecker-Art“: Porree putzen, waschen und in 1 cm große Stücke schneiden. Öl in einem Topf erwärmen, Porree und Buchweizen darin andünsten. Wasser zugießen, aufkochen lassen. Danach Hitze reduzieren, Topf schließen und 20 Minuten garen. Nicht umrühren. Vor dem Servieren mit Hefestreuwürze abschmecken.

Reduktionskost ca. 4200 kJ/1000 kcal

Frühstück

1/2	Grapefruit

Vollkornbrot mit Schnittlauchquark

1	Scheibe Vollkornbrot
2 El	Magerquark (50 g)
1 Tl	Kaltpreßöl
2–3 El	Milch
1	Bund Schnittlauch
1/2	Tomate

Mittagessen

Fenchelsalat

1	Fenchelknolle (ca. 125 g)
1 El	Sauermilch
1 Tl	Zitronensaft
1	Prise Salz, Pfeffer, Zucker

Rote Bete-Apfelgemüse mit Pellkartoffeln

1	Rote-Bete-Knolle (ca. 100 g)
1	Zwiebel (50 g)
1	säuerlicher Apfel (ca. 125 g)
5 g	frisch gerieb. Meerrettich
1 El	Sauermilch
1 Tl	Kaltpreßöl
1 Prise	Hefestreuwürze, Pfeffer
1	kleine Kartoffel (ca. 60 g)

Frischkäse mit Früchten

100 g	Cottage Cheese (1/2 Becher)
100 g	Beeren (z. B. Himbeeren, Erdbeeren, Johannis- o. Heidelbeeren, frisch oder TK) Evtl. Süßstoff

Grunddiät ca. 8400 kJ/2000 kcal

Frühstück

1/2	Grapefruit mit 1 Tl Milchzucker

Vollkornbrot mit Schnittlauchquark

2	Scheiben Vollkornbrot
20 g	Butter o. Pflanzenmargarine
100 g	Magerquark
1 Tl	Kaltpreßöl
4 El	Milch
1	Bund Schnittlauch
1/2	Tomate

Mittagessen

Fenchelsalat

1	Fenchelknolle (ca. 125 g)
1 El	Kaltpreßöl
1 El	Sauermilch
1 Tl	Zitronensaft
1	Prise Salz, Pfeffer, Zucker

Rote Bete-Apfelgemüse mit Pellkartoffeln

1	Rote-Bete-Knolle (ca. 100 g)
1	Zwiebel (50 g)
1	säuerlicher Apfel (ca. 125 g)
5 g	frisch gerieb. Meerrettich
1 El	Sauermilch
1 El	Kaltpreßöl
1	Prise Hefestreuwürze, Pfeffer
2	mittelgroße Kartoffeln (ca. 150 g)

Frischkäse mit Früchten

100 g	Cottage Cheese (1/2 Becher)
100 g	Beeren (z. B. Himbeeren, Erdbeeren, Johannis- o. Heidelbeeren, frisch oder TK)
1 Tl	Zucker o. Ahornsirup

Reduktionskost ca. 4200 kJ/1000 kcal

Abendessen

Fenchel mit Käsesauce

200 g	Fenchelknolle
5 g	Butter o. Pflanzenmargarine
1 Tl	Weizenmehl Type 1050
5–6 El	Gemüsewasser
1	Prise Salz, Pfeffer, Muskat
	Einige Tropfen Zitrone
1 El	geriebener Käse
4	Zitronenscheiben

Gemüsesalat

100 g	Karotten
50 g	Erbsen (TK)
100 g	Spargel
1 Tl	Kaltpreßöl
	Zitronensaft, 1 Prise Salz, Pfeffer, Zucker
	Petersilie gehackt

Grunddiät ca. 8400 kJ/2000 kcal

Abendessen

Fenchel mit Käsesauce

200 g	Fenchelknolle
10 g	Butter o. Pflanzenmargarine
1 El	Weizenmehl Type 1050
1/10 l	Gemüsewasser
1	Prise Salz, Pfeffer, Muskat
	Einige Tropfen Zitrone
2 El	geriebener Käse
4	Zitronenscheiben
30 g	Vollreis

Gemüsesalat

100 g	Karotten
50 g	Erbsen (TK)
100 g	Spargel
1 El	Kaltpreßöl
	Zitronensaft, 1 Prise Salz, Pfeffer, Zucker
	Petersilie gehackt

Rezepte

Schnittlauchquark: Quark mit Öl und Milch glattrühren und den kleingeschnittenen Schnittlauch daruntermischen.

Fenchelsalat: Fenchelknolle putzen, waschen, vierteln und in feine Streifen schneiden. Sauermilch mit Zitronensaft (evtl. Öl) und den Gewürzen verrühren. Sauce über den Fenchel gießen, das zurückbehaltene grüne Fenchelkraut kleinhacken und zum Schluß darüberstreuen.

Pikanter Milchimbiß, siehe Seite 80 ▷

Rote Bete-Apfelgemüse: Rote Bete gründlich waschen, weichkochen. Mit kaltem Wasser abschrecken, abkühlen lassen und die Haut abziehen. Knolle in Scheiben und dann in Würfel schneiden. Zwiebel kleinhacken und in Öl glasig dünsten. Apfel ebenfalls in Würfel schneiden und mit den Rote Beten zu den Zwiebeln geben. Sauermilch zufügen, 10 Minuten leise kochen lassen. Mit Meerrettich, Hefestreuwürze und Pfeffer abschmecken.

Frischkäse mit Früchten: Cottage Cheese mit der Gabel auflockern und mit Süßstoff oder Zucker süßen. Die frischen oder aufgetauten Beeren daruntermischen.

Gemüsesalat: Spargel schälen, in 3 cm große Stücke schneiden und in wenig Wasser nicht zu weich kochen. Tiefkühlerbsen nur auftauen lassen. Karotten putzen und in kleine Würfel schneiden. Das Gemüse mit Öl, Zitronensaft und den Gewürzen anrichten. Mit gehackter Petersilie bestreut servieren.

Fenchel mit Käsesauce: Fenchel putzen, in dicke Scheiben schneiden, in wenig Wasser mit den Zitronenscheiben etwa 10 Minuten kochen. Aus Butter, Mehl und Gemüsewasser eine Sauce bereiten und mit Gewürzen abschmecken. Käse hineinstreuen, schmelzen und die Sauce über den Fenchel gießen.

◁ ***Abendessen am 2. Tag, Seite 84/87***

Reduktionskost ca. 4200 kJ/1000 kcal

Frühstück

Obst-Frühstück

100 g	Apfel
100 g	Orange
1	Feige
	Einige Tropfen Zitrone

Tartex-Knäcke

1	Knäckebrot
20 g	Soja-Brotaufstrich (Portionsdose)

Mittagessen

Radieschen-Rohkost

1	Bund Radieschen
	Einige Tropfen Zitrone
1 Prise	Salz
1	Portion Gartenkresse

Gemüse mit Schafskäse

50 g	Sellerie
50 g	Möhren
50 g	Kohlrabi
50 g	Porree
1	Zwiebel (50 g)
100 g	Kartoffel
1 Tl	Olivenöl
1 Bund	Dill
20 g	Schafskäse
1/2	Zitrone

Dessert

Fruchtsanoghurt (1 Becher)

Grunddiät ca. 8400 kJ/2000 kcal

Frühstück

Obst-Frühstück

100 g	Apfel
100 g	Orange
2	Feigen
	Einige Tropfen Zitrone

Tartex-Knäcke

4	Knäckebrote
20 g	Butter o. Pflanzenmargarine
20 g	Soja-Brotaufstrich (Portionsdose)

Mittagessen

Radieschen-Rohkost

1	Bund Radieschen
	Einige Tropfen Zitrone
1 Prise	Salz
1	Portion Gartenkresse

Gemüse mit Schafskäse

50 g	Sellerie
50 g	Möhren
50 g	Kohlrabi
50 g	Porree
1	Zwiebel (50 g)
100 g	Kartoffel
1 El	Olivenöl
1 Bund	Dill
40 g	Schafskäse
1/2	Zitrone

Dessert

Fruchtsanoghurt mit Banane

1	Fruchtsanoghurt (1 Becher)
1	Banane (100 g)
1 Tl	Zitronensaft

Reduktionskost ca. 4200 kJ/1000 kcal

Abendessen

Chicorée-Melonen-Grapefruit-Salat

1	Staude Chicorée (ca. 100 g)
100 g	Honigmelone
100 g	rosa Grapefruit
1 El	Zitronensaft
1 El	saure Sahne 10% F
1 Prise	Zucker, Salz

Roquefortdip mit Knäckebrot

50 g	Magerquark
20 g	Roquefort
2 El	Milch
3	Knäckebrote
4	Radieschen

Grunddiät ca. 8400 kJ/2000 kcal

Abendessen

Chicorée-Melonen-Grapefruit-Salat

1	Staude Chicorée (ca. 100 g)
100 g	Honigmelone
100 g	rosa Grapefruit
1 El	Zitronensaft
1 El	saure Sahne 10% F
1 Prise	Zucker, Salz

Roquefortdip mit Knäcke- und Vollkornbrot

100 g	Magerquark
40 g	Roquefort
4 El	Milch
3	Knäckebrote
1	Scheibe Vollkornbrot
1 Bund	Radieschen

Rezepte

Obst-Frühstück: Apfel, Orange und Feige in kleine Stücke schneiden, vermischen und mit einigen Tropfen Zitrone würzen.

Radieschen-Rohkost: Radieschen waschen und in feine Scheiben schneiden. Mit der gewaschenen, gut abgetropften Kresse auf einem Teller anrichten, einige Tropfen Zitrone darüberträufeln, evtl. mit 1 Prise Salz würzen.

Gemüse mit Schafskäse: Das Gemüse putzen, waschen und kleinschneiden. 1/8 l Wasser zum Kochen bringen und das Gemüse hineingeben. Darauf den Dill im Bund und dünne Zitronenscheiben legen. Topf verschließen und garkochen. Dill und Zitronenscheiben entfernen. Das Öl unterrühren und das Gemüse mit Schafskäse bestreut servieren.

Fruchtsanoghurt mit Banane: Banane in Scheiben schneiden, mit Zitronensaft beträufeln und mit Fruchtsanoghurt vermischen.

Chicorée-Melonen-Grapefruit-Salat: Chicorée aufblättern, waschen und mit Melone und Grapefruit in Stücke schneiden. Alles mischen. Zitronensaft mit saurer Sahne verrühren, mit den Gewürzen abschmecken und die Sauce über den Salat gießen. An einem kühlen Platz 10 Minuten ziehen lassen.

Roquefortdip: Quark mit Roquefort und Milch vermengen. Mit Radieschen garniert zu den Knäckebroten servieren.

Reduktionskost ca. 4200 kJ/1000 kcal

Frühstück

Verdauungsmüsli

125 g	Dickmilch (1/2 Becher)
1 Tl	Milchzucker
1 Tl	Zitronensaft
1	Apfel (ca. 100 g)
1	Feige (10 g)
1	Trockenpflaume, eingeweicht
2 El	Lactokleie

Mittagesen

Gazpacho

50 ml	Tomatensaft
1/2	Tasse kalte Gemüsebrühe
1 El	Sauermilch
2 El	Weißwein
1/2	Knoblauchzehe
1/2	Tomate
30 g	Salatgurke
1 Tl	Zwiebelwürfel
1 Prise	Pfeffer

Gnocchi à la Romaine

1/8 l	Gemüsebrühe
40 g	Grünkernschrot
1	kleines Ei
1 El	geriebener Käse
1 El	kleingehackte Petersilie
50 ml	Tomatensaft
	Hefestreuwürze, Pfeffer

Grunddiät ca. 8400 kJ/2000 kcal

Frühstück

Verdauungsmüsli

125 g	Dickmilch (1/2 Becher)
1 Tl	Milchzucker
1 Tl	Zitronensaft
1	Apfel (ca. 100 g)
1	Feige (10 g)
2	Trockenpflaumen, eingeweicht
2 El	Lactokleie
3	Knäckebrote
1	Carree Frischkäse 60% F. i. Tr.

Mittagessen

Gazpacho

50 ml	Tomatensaft
1/2	Tasse kalte Gemüsebrühe
1 El	Sauermilch
2 El	Weißwein
1 Tl	Olivenöl
1/2	Knoblauchzehe
1/2	Tomate
30 g	Salatgurke
1 Tl	Zwiebelwürfel
1 Prise	Pfeffer

Gnocchi à la Romaine

200 ml	Gemüsebrühe
60 g	Grünkernschrot
1	kleines Ei
1 El	geriebener Käse
1 El	kleingehackte Petersilie
10 g	Pflanzenmargarine
1 El	Weizenmehl Type 1050
100 ml	Tomatensaft
1 Tl	Tomatenmark
	Hefestreuwürze
1 Prise	Pfeffer, Zucker

Reduktionskost ca. 4200 kJ/1000 kcal		Grunddiät ca. 8400 kJ/2000 kcal	
Sanddorn-Eis		***Sanddorn-Eis***	
1	Becher Sanoghurt 1,5% F	1	Becher Sanoghurt 1,5% F
2 El	Sanddorn-Vollfrucht, gesüßt	2 El	Sanddorn-Vollfrucht, gesüßt
	Abger. Zitronenschale (ungespritzt)	1 Tl	Zucker
	Evtl. Süßstoff		Abger. Zitronenschale (ungespritzt)

Abendessen

Reduktionskost		Grunddiät	
Polnischer Borschtsch		***Polnischer Borschtsch***	
1	Rote-Bete-Knolle (ca. 100 g)	1	Rote-Bete-Knolle (ca. 100 g)
1	Dillgurke (50 g)	1	Dillgurke (50 g)
1 El	Zwiebelwürfel	1 El	Zwiebelwürfel
1/2	Becher Sanoghurt	1/2	Becher Sanoghurt
1/2	Tasse Rote-Bete-Saft (100 ml)	1/2	Tasse Rote-Bete-Saft (100 ml)
1 Tl	Zitronensaft	1 Tl	Zitronensaft
1	Prise Pfeffer, Zucker	1	Prise Pfeffer, Zucker
Vollkornbrot mit Pflanzenaufstrich		***Vollkornbrot mit Pflanzenaufstrich***	
1	Scheibe Vollkornbrot	2	Scheiben Vollkornbrot
20 g	Pflanzlicher Brotaufstrich (1 Portion)	40 g	Pflanzlicher Brotaufstrich (1 Portion)
1	Apfel (ca. 150 g)	1	großer Apfel (ca. 200 g)

Rezepte

Verdauungsmüsli: Dickmilch mit Milchzucker und Zitronensaft verrühren. Apfel waschen, reiben und sofort mit Kleie, kleingeschnittener Feige und Pflaume unter die Sauermilch mischen.

Gazpacho: Tomatensaft mit Gemüsebrühe und Sauermilch verquirlen. Knoblauchzehe zerquetschen und mit Weißwein, evtl. Öl, darunterrühren. Mit Pfeffer würzen. Tomate und Gurke kleinschneiden und mit Zwiebelwürfeln in die Suppe geben. Gazpacho wird kalt serviert.

Gnocchi: Gemüsebrühe zum Kochen bringen. Schrot unter ständigem Rühren einrieseln lassen und zu einem dicken Brei kochen. In den abgekühlten Brei Ei, Käse und Petersilie rühren. Mit einem nassen Kaffeelöffel kleine Nocken abstechen und in kochendem Salzwasser 10–15 Minuten garziehen lassen.
Tomatensaft erwärmen und mit einer Prise Pfeffer und Hefestreuwürze abschmecken.

Tomatensauce: Mehl mit etwas Wasser anrühren. Tomatensaft erhitzen. Das angerührte Mehl unter stetem Rühren mit dem Schneebesen einlaufen lassen und aufkochen. Sauce mit Tomatenmark und den Gewürzen abschmecken.

Sanddorn-Eis: Sauermilch mit Sanddornsaft und etwas abgeriebener Zitronenschale verrühren und mit Süßstoff oder Zucker süßen. In eine unzerbrechliche Form füllen und für 3 Stunden ins Gefrierfach stellen.

Polnischer Borschtsch: Rote-Bete-Knolle waschen, dünn schälen und fein reiben. Dillgurke in kleine Würfel schneiden. Beides mit den Zwiebelwürfeln mischen. Sauermilch mit Betesaft verquirlen. Mit Zitronensaft, Pfeffer und Zucker abschmecken. Über das Gemüse gießen und durchziehen lassen.

5. Tag

Reduktionskost ca. 4200 kJ/1000 kcal

Frühstück

Karottenmilch

1/8 l	Karottensaft
1/8 l	Milch
	Einige Tropfen Zitrone
1	Prise Muskat
	Petersilie, gehackt
1	Banane (ca. 100 g)

Mittagessen

Amerikanischer Kohlsalat

100 g	Weißkohl
1	Zwiebel (ca. 50 g)
1	kleine Möhre
1 Tl	Obstessig
1 Tl	Kaltpreßöl
5 g	frisch gerieb. Meerrettich
1/2	kleiner Apfel
1 El	Sauermilch (20 g)
1	Prise Senfpulver, Pfeffer, Zucker

Paprikareis

1	kleine Zwiebel (ca. 50 g)
1	Paprikaschote (ca. 100 g)
30 g	Vollreis
100 g	Tomate
1 Tl	Kaltpreßöl
	Hefestreuwürze, Pfeffer
1	Tasse Wasser

Grunddiät ca. 8400 kJ/2000 kcal

Frühstück

Karottenmilch

1/8 l	Karottensaft
1/8 l	Milch
	Einige Tropfen Zitrone
1	Prise Muskat
	Petersilie, gehackt
1	Banane (ca. 150 g)

Roggenflachbrot mit Nußquark

30 g	Roggenflachbrot
2 El	Magerquark (50 g)
1 Tl	Haselnußmus

Mittagessen

Amerikanischer Kohlsalat

100 g	Weißkohl
1	kleine Zwiebel (ca. 50 g)
1	kleine Möhre
1 Tl	Obstessig
1 El	Kaltpreßöl
5 g	frisch gerieb. Meerrettich
1/2	kleiner Apfel
1 El	Sauermilch (20 g)
1	Prise Senfpulver, Pfeffer, Zucker

Paprikareis

1	kleine Zwiebel (ca. 50 g)
1	Paprikaschote (ca. 150 g)
60 g	Vollreis
100 g	Tomate
1 El	Kaltpreßöl
	Hefestreuwürze, Pfeffer
2	Tassen Wasser

Reduktionskost ca. 4200 kJ/1000 kcal

Buttermilchgelee

1/8 l	Buttermilch
2	Blatt Gelatine
1 El	Zitronensaft
1 Tl	Zucker oder Ahornsirup
	Abger. Schale von 1/2 Zitrone, ungespritzt

Grunddiät ca. 8400 kJ/2000 kcal

Sauermilchgelee

1	Becher Sanoghurt
2	Blatt Gelatine
1 El	Zitronensaft
1 Tl	Zucker oder Ahornsirup
	Abger. Schale von 1/2 Zitrone, ungespritzt

Abendessen

Pußta-Salat

1/2	rote Paprikaschote
1/2	gelbe Paprikaschote
1	kleine Zwiebel (ca. 30)
1 Tl	Kaltpreßöl
	Zitronensaft, Pfeffer

Französische Zwiebelsuppe

100 g	Gemüsezwiebel
1 Tl	Kaltpreßöl
1 Tl	Weizenmehl Type 1050
2	Tassen Gemüsebrühe
1	Scheibe Toastbrot
1/2	Streichkäse 30% F. i. Tr.

Abendessen

Pußta-Salat

1/2	rote Paprikaschote
1/2	gelbe Paprikaschote
1	kleine Zwiebel (ca. 30)
1 El	Kaltpreßöl
	Zitronensaft, Pfeffer

Französische Zwiebelsuppe

150 g	Gemüsezwiebel
1 El	Kaltpreßöl
1 El	Weizenmehl Type 1050
2	Tassen Gemüsebrühe
1	Scheibe Toastbrot
1/2	Streichkäse 30% F. i. Tr.
2	Knäckebrote

Rezepte

Karottenmilch: Karottensaft mit Milch verquirlen. Mit einigen Tropfen Zitrone und einer kleinen Prise Muskat würzen. In ein Glas füllen und mit Petersilie bestreuen.

Roggenflachbrot mit Nußquark: Magerquark mit Haselnußmus vermischen und zu den Flachbroten servieren.

Amerikanischer Kohlsalat: Den geputzen Weißkohl fein hobeln. Zwiebel in feine Streifen schneiden und die Möhre grob raffeln. Beides mit dem Kohl mischen. Aus Öl, Obstessig. Meerrettich, geriebenem Apfel und Sauermilch eine Sauce rühren. Sauce mit Senfpulver, Pfeffer und Zucker würzen und unter den Kohlsalat mischen.

Paprikareis: Zwiebel in kleine Würfel schneiden und in Öl glasig werden lassen. Reis und aufgeschnittene Paprikaschoten (ohne Kerne) zugeben und alles unter stetem Rühren einige Minuten dünsten. Danach 1 Tasse Wasser zugießen, Hitze reduzieren und zugedeckt garen. Die geschälte, aufgeschnittene Tomate die letzten 3 Minuten mitkochen. Mit Gewürzen abschmecken.

Buttermilchgelee oder Sauermilchgelee: Gelatine in wenig Wasser einweichen, 10 Minuten quellen lassen, ausdrücken und mit 1 Teelöffel Wasser erwärmen, bis sie sich aufgelöst hat. Buttermilch oder Sauermilch mit Zitronensaft und Zitronenschale von ungespritzter Frucht sowie Zucker oder Ahornsirup verquirlen. Die aufgelöste und abgekühlte Gelatine zufügen, gut durchrühren, in eine Schale füllen und erstarren lassen.

Pußta-Salat: Paprikaschote teilen, Kerne entfernen und in feine Streifen schneiden. Zwiebel kleinhacken und unter die Paprika mischen. Öl und Zitronensaft darübergießen, mit Pfeffer würzen und durchmischen.

Französische Zwiebelsuppe: Zwiebel in dünne Scheiben schneiden und in Öl goldgelb dünsten. Mehl darüberstäuben und mit heißer Gemüsebrühe auffüllen. 10 Minuten leise kochen lassen. Mit den Gewürzen abschmecken. Brotscheibe toasten und mit Käse bestreichen. Zwiebelsuppe in eine große, feuerfeste Tasse füllen, Käsetoast darauflegen und alles so lange im heißen Backofen oder Grill lassen, bis der Käse goldbraun ist.

Reduktionskost ca. 4200 kJ/1000 kcal

Frühstück

Frucht-Nußmilch

1/8 l	Orangensaft, frisch gepreßt
1 Tl	Haselnußmus (5 g)
1 Tl	Bienenhonig (5 g)
2	Stück Vollkornzwieback
1 Tl	Haselnußmus (5 g)

Grunddiät ca. 8400 kJ/2000 kcal

Frühstück

Frucht-Nußmilch

1/8 l	Orangensaft, frisch gepreßt
1 Tl	Haselnußmus (5 g)
1 Tl	Bienenhonig (5 g)
2	Stück Vollkornzwieback
1 Tl	Haselnußmus (5 g)
1	Scheibe Vollkornbrot
20 g	Butter o. Pflanzenmargarine
50 g	Sauermilchkäse
1	kleine Tomate

Mittagessen

Salatteller

50 g	Kopfsalat
1	kleine Tomate
1	Lauchzwiebel
1 Tl	Kaltpreßöl
	Zitronensaft
1	Prise Salz, Pfeffer, Zucker

Zwiebelauflauf

250 g	Gemüsezwiebel
1	Prise Salz, Pfeffer, Kümmel
1	Ei
2 El	Sauermilch
2 El	geriebener Käse
1	Prise Edelsüß-Paprikapulver, Pfeffer

Gedünstete Birne mit Preiselbeeren

1	Birne (ca. 100 g)
1	Stück Zitronenschale, ungespritzt
1	Stück Stangenzimt
1 Tl	Preiselbeerkompott

Mittagessen

Salatteller mit Ei

100 g	Kopfsalat
1	große Tomate (ca. 100 g)
1	Lauchzwiebel
1 El	Kaltpreßöl
	Zitronensaft
1	Prise Salz, Pfeffer, Zucker
1	hartgekochtes Ei

Zwiebelauflauf

250 g	Gemüsezwiebel
1	Prise Salz, Pfeffer, Kümmel
1	Ei
2 El	Sauermilch
3 El	geriebener Käse
1	Prise Edelsüß-Paprikapulver, Pfeffer

Gedünstete Birne mit Preiselbeeren

1	große Birne (ca. 150 g)
1	Stück Zitronenschale, ungespritzt
1	Stück Stangenzimt
1 El	Preiselbeerkompott

Reduktionskost ca. 4200 kJ/1000 kcal		Grunddiät ca. 8400 kJ/2000 kcal	
Abendessen		**Abendessen**	
Bunter Gemüseteller mit Kräuterdip		***Bunter Gemüseteller mit Kräuterdip***	
1	junger Kohlrabi (ca. 100 g)	1	junger Kohlrabi (ca. 100 g)
2	junge Karotten (ca. 100 g)	2	junge Karotten (ca. 100 g)
1	rote Paprikaschote oder Chicorée	1	rote Paprikaschote oder Chicorée
1/2	Becher Sanoghurt	1/2	Becher Sanoghurt
1 El	Magerquark (25 g)	1 El	Magerquark (25 g)
1 Tl	Kaltpreßöl	1 El	Kaltpreßöl
1 Tl	Zitronensaft	1 Tl	Zitronensaft
1	Prise Salz, Pfeffer	1	Prise Salz, Pfeffer
1 El	frische, gehackte Kräuter	1 El	frische, gehackte Kräuter
Heiße Apfelsuppe mit Vollkornzwieback		***Heiße Apfelsuppe mit Vollkornzwieback***	
1	Apfel (ca. 125 g)	1	Apfel (ca. 200 g)
1	Stück Stangenzimt	1	Stück Stangenzimt
1	Stück Zitronenschale, ungespritzt	1	Stück Zitronenschale, ungespritzt
10 g	Rosinen	15 g	Rosinen
1 Tl	Speisestärke	1 El	Speisestärke
1	Tasse Wasser	1 1/2	Tassen Wasser
1 Tl	Bienenhonig	1 El	Bienenhonig
1	Stück Vollkornzwieback	2	Stück Vollkornzwieback

Rezepte

Frucht-Nußmilch: Nußmus und Honig in ein Gefäß geben. Orangensaft zuerst tropfenweise zusetzen und dabei rühren, bis eine cremige Masse entsteht. Danach den restlichen Saft zugießen und solange rühren, bis alles gut vermischt ist. Vollkornzwieback mit Haselnußmus bestreichen.

Salatteller: Die gewaschenen Salatblätter gut abtropfen lassen und in mundgerechte Stücke zupfen. Tomate vierteln, Lauchzwiebel in Ringe schneiden. Alles auf einem Teller anrichten. Öl mit Zitronensaft und den Gewürzen zu einer Sauce rühren und über den Salat gießen.

Salatteller mit Ei: Das hartgekochte Ei vierteln und auf dem Salat anrichten.

Zwiebelauflauf: Zwiebel schälen und in Ringe schneiden. Zwiebelringe in einer Pfanne unter Zugabe von etwas Wasser 10 Minuten dünsten. Dabei ab und zu wenden. Die sich bildende Flüssigkeit verdampfen lassen. Mit 1 Prise Salz, Pfeffer und Kümmel würzen. Ei mit Sauermilch, Käse, Paprikapulver und Pfeffer verquirlen. Die gedünsteten Zwiebelscheiben in eine kleine, feuerfeste flache Form füllen. Die Eier-Käsemischung darüber verteilen. Im vorgeheizten Backrohr bei 225° 20–30 Minuten backen.

Gedünstete Birne mit Preiselbeeren: Birne schälen, halbieren und in wenig Wasser mit Zitronenschale und Zimtstange nicht zu weich dünsten. Abkühlen lassen und mit Preiselbeerkompott servieren.

Bunter Gemüseteller mit Kräuterdip: Gemüse waschen, putzen und in Streifen schneiden. Sauermilch mit Quark und Öl glattrühren. Mit Zitronensaft, Gewürzen und Kräutern abschmecken. Gemüse auf einem Teller oder in einem Glas stehend anrichten. Den Kräuterdip dazu servieren.

Heiße Apfelsuppe mit Vollkornzwieback: Apfel schälen, vierteln, das Kerngehäuse entfernen und in Stücke schneiden. Apfelstücke mit Rosinen, Zimt- und Zitronenschale in Wasser weichkochen. Speisestärke in einem El kaltem Wasser anrühren, in die Suppe einlaufen lassen und kurz aufkochen. Zitrone- und Zimtschale entfernen. Mit Honig süßen. Heiß servieren. Den Vollkornzwieback bei Tisch in die Suppe bröckeln.

Reduktionskost ca. 4200 kJ/1000 kcal

Frühstück

Meraner Frühstück

1/2	Becher Sanoghurt
2 El	Vollkornflocken
1 Tl	Bienenhonig o. Ahornsirup
1 Tl	Zitronensaft
100 g	Weintrauben

Mittagessen

Apfel-Rote-Bete-Rohkost

1/2	Apfel (ca. 50 g)
1/2 Tl	frisch gerieb. Meerrettich
1 El	Sauermilch
1 Tl	Zitronensaft
1 Tl	Ahornsirup o. Honig
1	Prise Salz
1	kleine Rote-Bete-Knolle (ca. 100 g)

Pilzragout mit Reis

200 g	frische Champignons
1	kleine Zwiebel (ca. 50 g)
1 Tl	Kaltpreßöl
1 El	Sauermilch
1	Bund Petersilie
	Pfeffer, Hefestreuwürze
30 g	Vollreis

Nußquark

50 g	Magerquark
1 Tl	Haselnußmus
	Saft von 1/2 Orange
1 Tl	Bienenhonig o. Ahornsirup

Grunddiät ca. 8400 kJ/2000 kcal

Frühstück

Meraner Frühstück

1	Becher Sanoghurt
3 El	Vollkornflocken
1 Tl	Bienenhonig o. Ahornsirup
1 Tl	Zitronensaft
150 g	Weintrauben
2	Knäckebrote
10 g	Butter o. Pflanzenmargarine
10 g	Konfitüre

Mittagessen

Apfel-Rote-Bete-Rohkost

1/2	Apfel (ca. 50 g)
1/2 Tl	frisch gerieb. Meerrettich
1 Tl	Kaltpreßöl
1 El	Sauermilch
1 Tl	Zitronensaft
1 Tl	Ahornsirup o. Honig
1	Prise Salz
1	kleine Rote-Bete-Knolle (ca. 100 g)

Pilzragout mit Reis

200 g	frische Champignons
1	kleine Zwiebel (ca. 50 g)
1 El	Kaltpreßöl
1 El	Sauermilch
1	Bund Petersilie
	Pfeffer, Hefestreuwürze
60 g	Vollreis

Nußquark

100 g	Magerquark
1 Tl	Haselnußmus
	Saft einer Orange
1 Tl	Bienenhonig o. Ahornsirup

Reduktionskost ca. 4200 kJ/1000 kcal

Abendessen

Camembert-Toast

1	Scheibe Grahambrot
10 g	Butter o. Pflanzenmargarine
50 g	Camembert 30% F.i.Tr.
1 El	Magerquark (25 g)
1	Bund Dill
3	schwarze Oliven ohne Kern

Tomaten-Cocktail

200 ml	Tomatensaft frisch o. Glas
	Einige Tropfen Zitrone
1	Prise Pfeffer
1	Spritzer Soja-Sauce

Grunddiät ca. 8400 kJ/2000 kcal

Abendessen

Camembert-Toast

2	Scheiben Grahambrot
20 g	Butter o. Pflanzenmargarine
70 g	Camembert 30%F.i.Tr.
2 El	Magerquark (50 g)
1	Bund Dill
4	schwarze Oliven ohne Kern

Tomaten-Cocktail

200 ml	Tomatensaft frisch o. Glas
	Einige Tropfen Zitrone
1	Prise Pfeffer
1	Spritzer Soja-Sauce

Rezepte

Meraner Frühstück: Sauermilch mit Vollkornflocken, Honig und Zitronensaft verrühren. Trauben gründlich waschen, halbieren, evtl. die Kerne entfernen und unter die Sauermilch mischen. Mit einigen zurückbehaltenen Früchten garniert servieren.

Apfel-Rote-Bete-Rohkost: Apfel reiben und mit Sauermilch, Meerrettich, Zitronensaft und Ahornsirup vermischen. Rote Bete schälen, reiben und unter die Apfel-Meerrettichsauce geben.

Pilzragout mit Reis: Champignons waschen und in Scheiben schneiden. Zwiebel kleinhacken und in Öl glasig dünsten. Champignons beifügen und unter ständigem Wenden rasch anbraten. Mit Hefewürze und Pfeffer abschmecken. Sauermilch unterrühren und 10 Minuten leise köcheln lassen. Dabei ab und zu umrühren. Vor dem Servieren mit gehackter Petersilie bestreuen. Beilage: Gekochter Vollreis.

Nußquark: Quark mit den anderen Zutaten glatt und cremig rühren.

Camembert-Toast: Grahambrot leicht antoasten. Mit Butter oder Pflanzenmargarine bestreichen. Oliven halbieren und auf das Brot legen. Camembert mit einer Gabel zerdrücken und mit Quark und gehacktem Dill vermischen. Quark-Käsemasse über die Oliven auf das Brot streichen. Im heißen Backrohr oder unter dem Grill überbacken.

Tomaten-Cocktail: Tomatensaft mit einigen Tropfen Zitrone, Pfeffer und Soja-Sauce abschmecken. (Kann an kühlen Tagen heiß serviert werden).

Obst-Frühstück am 3. Tag, Seite 88/89 ▷

Reduktionskost ca. 4200 kJ/1000 kcal

Frühstück

Körniger Frischkäse mit Apfel

100 g	Cottage Cheese
1	Apfel (ca. 100 g)
	Einige Tropfen Zitrone
1	Vollkornzwieback

Grunddiät ca. 8400 kJ/2000 kcal

Frühstück

Körniger Frischkäse mit Apfel

100 g	Cottage Cheese
1	Apfel (ca. 100 g)
	Einige Tropfen Zitrone
1	Stück Vollkornzwieback
1	Schrotbrötchen
1	Scheibe Vollkornbrot
20 g	Butter o. Pflanzenmargarine
10 g	Konfitüre oder Bienenhonig
1	Portionsecke Schmelzkäse 30% F. i. Tr.

Mittagessen

Gurkensalat mit Dill

100 g	Salatgurke
1 Tl	Kaltpreßöl
1 El	Sauermilch
	Zitronensaft
1	Prise Salz, Pfeffer, Zucker
1	Bund Dill, gehackt

Bohnen-Birnengemüse
Kartoffelpüree

200 g	Schnittbohnen
1	kleine Birne (50 g)
1 Tl	Kaltpreßöl
	Hefestreuwürze
1	Prise Pfeffer
1	Stengel Bohnenkraut
100 g	Kartoffel
3 El	Milch
1	Prise Salz, Muskat

Orangenquark

100 g	Magerquark
	Saft 1 Orange
1 Tl	Orangenmarmelade

Mittagessen

Gurkensalat mit Dill

100 g	Salatgurke
1 Tl	Kaltpreßöl
1 El	Sauermilch
	Zitronensaft
1	Prise Salz, Pfeffer, Zucker
1	Bund Dill, gehackt

Bohnen-Birnengemüse
Kartoffelpüree

200 g	Schnittbohnen
1	kleine Birne (50 g)
1 El	Kaltpreßöl
1	Scheibe Schinkenspeck
	Hefestreuwürze, Pfeffer
1	Stengel Bohnenkraut
200 g	Kartoffeln
100 ml	Milch
1	Prise Salz, Muskat

Orangenquark

100 g	Magerquark
	Saft einer Orange
1 Tl	Orangenmarmelade

◁ ***Mittagessen am 7. Tag, Seite 100–102***

Reduktionskost ca. 4200 kJ/1000 kcal

Abendessen

Grüner Salat

100 g	Kopfsalat
1 Tl	Kaltpreßöl
	Zitronensaft
1	Prise Salz, Pfeffer
1	Bund Schnittlauch

Tilsiter Birne

1	Birne (ca. 100 g)
50 g	Tilsiter
2	Knäckebrote

Grunddiät ca. 8400 kJ/2000 kcal

Abendessen

Grüner Salat

100 g	Kopfsalat
1 El	Kaltpreßöl
	Zitronensaft
1	Prise Salz, Pfeffer
1	Bund Schnittlauch

Tilsiter Birne

1	Birne (ca. 100 g)
50 g	Tilsiter
4	Knäckebrote
10 g	Butter o. Pflanzenmargarine

Rezepte

Körniger Frischkäse mit Apfel: Apfel kleinschneiden oder auf einer groben Raffel reiben. Cottage Cheese mit der Gabel auflockern, Apfelstücke daruntermischen und mit einigen Tropfen Zitrone würzen.

Gurkensalat mit Dill: Gurke fein hobeln. Öl mit Sauermilch, Zitronensaft und den Gewürzen verrühren und über die Gurke geben. Dill kleinhacken und daraufstreuen.

Bohnen-Birnengemüse: Bohnen kleinschneiden und zusammen mit dem Bohnenkraut 10 Minuten kochen. Birne zugeben und alles zusammen zu Ende garen. Mit Hefestreuwürze und Pfeffer abschmecken. Evtl. Schinkenspeck mit den Bohnen mitkochen lassen.

Kartoffelpüree: Kartoffeln schälen, in kleine Würfel schneiden und in wenig Wasser weichkochen, durchpassieren und mit heißer Milch glattrühren. Mit 1 Prise Salz und Muskat abschmecken.

Orangenquark: Quark mit Orangensaft glattrühren und mit Orangenmarmelade abschmecken.

Grüner Salat: Kopfsalat waschen, gut abtropfen lassen und Salatblätter in mundgerechte Stücke zupfen. Mit Öl, Zitronensaft und den Gewürzen marinieren und den kleingeschnittenen Schnittlauch darüberstreuen.

Reduktionskost ca. 4200 kJ/1000 kcal

Frühstück

Cornflakes mit Milch

30 g	Maisflocken
1/8 l	Milch
1	Knäckebrot

Süßer Quarkaufstrich

2 El	Magerquark (50 g)
1 Tl	Konfitüre

Mittagessen

Chicorée-Kresse-Salat

100 g	Chicorée
1	Portion Gartenkresse
1 Tl	Kaltpreßöl
1 El	Sauermilch
	Zitronensaft, Salz, Pfeffer

Gratinierter Porree m. Pellkartoffel

200 g	Porree
20 g	Emmentaler-Käse, gerieben
100 g	Kartoffel

Mocca-Quark

100 g	Magerquark
1 Tl	Aprikosenkonfitüre
5 El	Milch
1 Tl	Zitronensaft
1/2 Tl	Pulverkaffee (knapp)

Grunddiät ca. 8400 kJ/2000 kcal

Frühstück

Cornflakes mit Milch

30 g	Cornflakes
1/8 l	Milch
1	Knäckebrot
1	Scheibe Vollkornbrot
20 g	Butter o. Pflanzenmargarine

Süßer Quarkaufstrich

2 El	Magerquark (50 g)
1 Tl	Konfitüre

Mittagessen

Chicorée-Kresse-Salat

100 g	Chicorée
1	Portion Gartenkresse
1 El	Kaltpreßöl
1 El	Sauermilch
	Zitronensaft, Salz, Pfeffer

Gratinierter Porree m. Pellkartoffeln

200 g	Porree
30 g	Emmentaler-Käse, gerieben
2	mittelgroße Kartoffeln (ca. 200 g)

Mocca-Quark

100 g	Quark 20%
1 Tl	Aprikosenkonfitüre
5 El	Milch
1 Tl	Zitronensaft
1/2 Tl	Pulverkaffee (knapp)

Reduktionskost ca. 4200 kJ/1000 kcal

Abendessen

Tomatensuppe „Lady Curzon“

200 g	Tomaten
1	Prise Salz, Pfeffer
1 Tl	Kaltpreßöl
1 Tl	geschlagene Sahne

Melone-Vollkornbrot mit Sauermilchkäse

200 g	Honigmelone
1	Scheibe Vollkornbrot
5 g	Butter o. Pflanzenmargarine
50 g	Sauermilchkäse

Grunddiät ca. 8400 kJ/2000 kcal

Abendessen

Tomatensuppe „Lady Curzon“ mit Käsecroutons

200 g	Tomaten
1	Prise Salz, Pfeffer
1 Tl	Kaltpreßöl
1 Tl	geschlagene Sahne
1	Scheibe Weißbrot
1	Portionsecke Schmelzkäse 30% F.i.Tr. (30 g)

Melone-Vollkornbrot mit Sauermilchkäse

200 g	Honigmelone
2	Scheiben Vollkornbrot
20 g	Butter o. Pflanzenmargarine
80 g	Sauermilchkäse

Rezepte

Süßer Quarkaufstrich: Quark mit Konfitüre vermengen.

Chicorée-Kresse-Salat: Chicorée aufblättern, waschen und gut abtropfen lassen. Öl, Sauermilch und Zitronensaft verrühren, mit 1 Prise Salz und Pfeffer würzen. Sauce über den Chicorée gießen. Die gewaschene Kresse darüberstreuen.

Gratinierter Porree: Porree gründlich waschen, in ca. 3 cm große Stücke schneiden und in wenig Wasser weichdünsten. Auf eine feuerfeste Platte legen, mit Käse bestreuen und im heißen Backrohr gratinieren.

Mocca-Quark: Quark mit den angegebenen Zutaten glattrühren (evtl. Mixgerät) und gut gekühlt servieren.

Tomatensuppe „Lady Curzon“: Tomaten in heißes Wasser tauchen, Haut abziehen, kleinschneiden und in wenig Wasser 3–4 Minuten dünsten. Durchpassieren oder im Mixer pürieren. Öl und Gewürze zugeben und mit einem Klacks Sahne servieren.

Käsecroutons: Weißbrot mit Käse bestreichen und im Backrohr gratinieren.

Reduktionskost ca. 4200 kJ/1000 kcal

Frühstück

Swiss-Müsli

1 Becher Sanoghurt
1 Tl Zitronensaft
1 Tl Bienenhonig
1 kleiner Apfel (ca. 100 g)

Käse-Knäcke

1 Knäckebrot
1 Scheibe Edamerkäse (20 g)

Grunddiät ca. 8400 kJ/2000 kcal

Frühstück

Swiss-Müsli

1 Becher Sanoghurt
1 Tl Zitronensaft
1 Tl Bienenhonig
1 kleiner Apfel (ca. 100 g)

1 Scheibe Vollkornbrot
1 Knäckebrot
20 g Butter o. Pflanzenmargarine
1 Scheibe Edamerkäse (20 g)
10 g Konfitüre

Mittagessen

Tomatensalat

150 g Tomate
Einige Zwiebelringe (10 g)
1 Tl Kaltpreßöl
1 Prise Salz, Pfeffer
Zitronensaft

Spinatroulade

150 g Spinat, frisch oder TK
1 El Zwiebelwürfel
Hefestreuwürze, Muskat
1 Ei
15 g Weizenmehl Type 1050
2 El Buttermilch
1 El Öl zum Ausbacken

Grapefruit mit Ahornsirup

1/2 Grapefruit
1 Tl Ahornsirup

Mittagessen

Tomatensalat

150 g Tomate
Einige Zwiebelringe (10 g)
1 El Kaltpreßöl
1 Prise Salz, Pfeffer
Zitronensaft

Spinatroulade

200 g Spinat, frisch oder TK
2 El Zwiebelwürfel
Hefestreuwürze, Muskat
2 Eier
30 g Weizenmehl Type 1050
4 El Buttermilch
2 El Öl zum Ausbacken

Grapefruit mit Ahornsirup

1/2 Grapefruit
1 Tl Ahornsirup

Reduktionskost ca. 4200 kJ/1000 kcal		Grunddiät ca. 8400 kJ/2000 kcal	
Abendessen		**Abendessen**	
Sauerkraut-Apfel-Salat		***Sauerkraut-Apfel-Salat***	
150 g	Sauerkraut	150 g	Sauerkraut
1/2	Apfel (50 g)	1/2	Apfel (50 g)
1 Tl	Kaltpreßöl	1 El	Kaltpreßöl
Backkartoffeln mit Kräuterquark		***Backkartoffeln mit Kräuterquark***	
150 g	Kartoffeln, Kümmel	200 g	Kartoffeln, Kümmel
125 g	Kräuterquark	125 g	Kräuterquark
		1	Becher Frucht-Sanoghurt

Rezepte

Swiss-Müsli: Sauermilch mit Zitronensaft und Honig verquirlen. Apfel reiben und unter die Sauermilch mischen.

Tomatensalat: Tomaten aufschneiden, sparsam mit Pfeffer und Salz würzen. Öl und Zitronensaft darüber träufeln und mit Zwiebelringen garnieren.

Spinatroulade: Zwiebel in wenig Wasser glasig dünsten. Den gewaschenen Spinat dazu geben, Topf schließen und 3–4 Minuten dünsten, bis er zusammenfällt. Danach grob hacken, mit Hefestreuwürze und 1 Prise Muskat abschmecken. Ei aufschlagen, mit Mehl und Buttermilch verquirlen. Aus dem Teig einen Eierkuchen bereiten, mit Spinat belegen und aufrollen.

Sauerkraut-Apfel-Salat: Sauerkraut kleinschneiden und Apfel in kleine Würfel. Beides mischen und mit Öl beträufeln.

Backkartoffeln: Kartoffeln gründlich waschen, der Länge nach halbieren, Schnittflächen in Kümmel tauchen und im heißen Backrohr backen.

11. Tag

Reduktionskost ca. 4200 kJ/1000 kcal

Frühstück

Fertigmüsli mit Kefir

125 g Kefir
20 g Fertigmüsli

Camembert-Knäcke mit Tomate

1 Knäckebrot
50 g Camembert 10% F. i. Tr.
1 kleine Tomate

Grunddiät ca. 8400 kJ/2000 kcal

Frühstück

Fertigmüsli mit Kefir

125 g Kefir
40 g Fertigmüsli

Camembert mit Vollkornbrot

1 Scheibe Vollkornbrot
1 Knäckebrot
20 g Butter o. Pflanzenmargarine
50 g Camembert 10% F. i. Tr.
1 kleine Tomate

Mittagessen

Salatteller

1 kleine Tomate
50 g Salatgurke
50 g Grüner Salat
1 Tl Kaltpreßöl
Zitronensaft, Pfeffer, Salz

Broccoli mit Käsesauce und Pellkartoffel

200 g Broccoli o. Blumenkohl
1 Ecke Schmelzkäse 30% F. i. Tr. (60 g)
1 kleine Kartoffel (60 g)

Schwedenbecher

100 g Dickmilch
2 El Preiselbeervollfrucht
1 Scheibe Zitrone

Mittagessen

Salatteller

1 kleine Tomate
50 g Salatgurke
50 g Grüner Salat
1 El Kaltpreßöl
Zitronensaft, Pfeffer, Salz

Broccoli mit Käsesauce mit Pellkartoffeln

200 g Broccoli o. Blumenkohl
1 Ecke Schmelzkäse 30% F. i. Tr. (60 g)
200 g Kartoffeln

Schwedenbecher

100 g Dickmilch
2 El Preiselbeervollfrucht
1 Scheibe Zitrone

Reduktionskost ca. 4200 kJ/1000 kcal

Abendessen

Radicchio-Salat

1	Kopf Radicchio
1 Tl	Kaltpreßöl
	Zitronensaft
1	Prise Salz, Pfeffer

Käsetoast

2	Knäckebrote
1 Tl	Salatcreme
2	Scheiben Chesterkäse
150 g	Obst der Jahreszeit

Grunddiät ca. 8400 kJ/2000 kcal

Abendessen

Radicchio-Salat

1	Kopf Radicchio
1 El	Kaltpreßöl
	Zitronensaft
1	Prise Salz, Pfeffer

Käsetoast

4	Knäckebrote
2 Tl	Salatcreme
4	Scheiben Chesterkäse
250 g	Obst der Jahreszeit

Rezepte

Salatteller: Tomate und Gurke in Scheiben schneiden und auf Salatblättern anrichten. Öl und Zitronensaft darüber träufeln und sparsam mit Salz und Pfeffer würzen.

Broccoli mit Käsesauce: Broccoli (oder Blumenkohl) putzen, waschen und in wenig Wasser weich kochen. Käse in 3–4 El heißem Gemüsewasser auflösen und über den Broccoli gießen.

Schwedenbecher: Dickmilch mit Preiselbeervollfrucht verrühren, in ein Glas füllen und mit 1 Scheibe Zitrone garniert servieren.

Käsetoast: Knäckebrote mit Salatcreme bestreichen, mit je einer Scheibe Käse belegen und im heißen Backrohr gratinieren.

Reduktionskost ca. 4200 kJ/1000 kcal

Frühstück

Sanddorn-Sauermilch mit Vollkornzwieback

125 g Dickmilch
2 El Sanddorn-Vollfrucht, gesüßt
1 Vollkornzwieback

1 Knäckebrot

Roquefortquark

1 El Magerquark (25 g)
10 g Roquefort

Mittagessen

Eissalat mit Roquefortdressing

100 g Eissalat
2 El Sauermilch
1 Tl Roquefort
Zitronensaft
1 Prise Pfeffer

Spanisches Omelette

2 Eier
1 Tl Öl zum Ausbacken
1 kleine Tomate
1/2 Paprikaschote
1 Tl Zwiebelwürfel
1 Prise Salz, Pfeffer
Petersilie gehackt

Grunddiät ca. 8400 kJ/2000 kcal

Frühstück

Sanddorn-Sauermilch mit Vollkornzwieback

125 g Dickmilch
2 El Sanddorn-Vollfrucht, gesüßt
2 Stück Vollkornzwieback

1 Scheibe Vollkornbrot
2 Knäckebrote
20 g Butter o. Pflanzenmargarine
10 g Konfitüre o. Honig

Roquefortquark

50 g Magerquark (2 El)
10 g Roquefort
Evtl. 1–2 Milch

Mittagessen

Eissalat mit Roquefortdressing

100 g Eissalat
2 El Sauermilch
1 Tl Roquefort
Zitronensaft
1 Prise Pfeffer

Spanisches Omelette mit Risotto

2 Eier
1 Tl Öl zum Ausbacken
1 kleine Tomate
1/2 Paprikaschote
1 Tl Zwiebelwürfel
1 Prise Salz, Pfeffer
Petersilie gehackt

50 g Vollreis
1 Tl Kaltpreßöl
1 Prise Salz

Reduktionskost ca. 4200 kJ/1000 kcal		Grunddiät ca. 8400 kJ/2000 kcal	
Vanilleapfel		***Vanilleapfel***	
1	kleiner Apfel (ca. 100 g)	1	kleiner Apfel
1/2 Tl	Konfitüre	1/2 Tl	Konfitüre
100 ml	Milch	100 ml	Milch
1/2 Tl	Vanillepuddingpulver	1/2 Tl	Vanillepuddingpulver
1/2 Tl	Zucker	1/2 Tl	Zucker

Abendessen

Reduktionskost		Grunddiät	
Waldorfsalat		***Waldorfsalat***	
1	kleiner Apfel (ca. 100 g)	1	kleiner Apfel (ca. 100 g)
50 g	Sellerieknolle	50 g	Sellerieknolle
1	Scheibe Ananas	1	Scheibe Ananas
2 El	Sauermilch	2 El	Sauermilch
1 Tl	Kaltpreßöl	1 El	Kaltpreßöl
1 El	Zitronensaft	1 El	Zitronensaft
1	Prise Salz, Pfeffer, Zucker	1	Prise Salz, Pfeffer, Zucker
10 g	Walnüsse	20 g	Walnüsse
1	Knäckebrot	2	Knäckebrote
50 g	Kräuterquark 20% F. i. Tr.	1	Scheibe Vollkornbrot
		125 g	Kräuterquark 20% F. i. Tr.

Rezepte

Sanddorn-Sauermilch mit Vollkornzwieback: Sauermilch mit Sanddornsaft verrühren, Vollkornzwieback hineinbröckeln.

Eissalat mit Roquefortdressing: Salat gründlich waschen, abtropfen lassen und in mundgerechte Stücke zupfen. Roquefort mit Sauermilch und Zitronensaft zu einer Sauce rühren, mit Pfeffer würzen und über den Salat gießen.

Spanisches Omelette: Papika und Tomate in kleine Würfel schneiden und zusammen mit den Zwiebelwürfeln in Öl vorsichtig dünsten. Eier aufschlagen, verquirlen, mit einer Prise Pfeffer und Salz würzen, über das Gemüse gießen und stocken lassen. Gehackte Petersilie vor dem Servieren darüberstreuen.

Risotto: Öl erwärmen und Reis darin unter stetem Rühren 5 Minuten anrösten. Mit 1 Tasse Wasser aufgießen und zugedeckt bei reduzierter Hitze ausquellen lassen. Mit 1 Prise Salz vor dem Servieren würzen.

Vanilleapfel: Säuerlichen Apfel schälen, Kerngehäuse herausstechen und in wenig Wasser nicht zu weich dünsten. Milch erhitzen, Puddingpulver und Zucker mit etwas Flüssigkeit anrühren und in die aufkochende Milch einlaufen lassen. Kurz aufkochen. Apfel mit Konfitüre füllen und mit der heißen Vanillesauce übergießen.

Waldorfsalat: Apfel vierteln, Kerngehäuse entfernen und mit Sellerie und Ananas in kleine Würfelchen schneiden. Sofort mit etwas Zitronensaft beträufeln. Sauermilch mit Öl und Zitronensaft zu einer Sauce rühren. Mit Gewürzen abschmecken. Sauce über den Salat gießen, vermengen und ziehen lassen. Mit grob gehackten Walnüssen bestreuen.

Reduktionskost ca. 4200 kJ/1000 kcal

Frühstück

Porridge

30 g	Haferflocken
1/8 l	Wasser
1 Tl	Bienenhonig
100 ml	Milch
1	kleines Glas Grapefruitsaft (100 ml, frisch gepreßt)

Mittagessen

Endiviensalat

100 g	Endivie
1 Tl	Kaltpreßöl
1 El	Sauermilch (20 g)
	Zitronensaft
1 Tl	Zwiebelwürfel
1	Prise Salz, Pfeffer

Grillscholle mit Sauce Tartar

100 g	Schollenfilet
2 El	Sauermilch (40 g)
1 Tl	Kaltpreßöl
1 Tl	Zitronensaft
1	kleine Gewürzgurke
1	kleine Kartoffel (ca. 60 g)

Rote Grütze mit Vanillesauce

50 g	Himbeeren TK
50 g	Sauerkirschen TK
50 ml	Kirschsaft
1Tl	Zucker
1 Tl	Speisestärke
100 ml	Milch
1/2 Tl	Vanillepuddingpulver
1/2 Tl	Zucker

Grunddiät ca. 8400 kJ/2000 kcal

Frühstück

Porridge

40 g	Haferflocken
200 ml	Wasser
1 Tl	Bienenhonig
1/8 l	Milch
1	Glas Grapefruitsaft (200 ml, frisch gepreßt)
1	Scheibe Vollkornbrot
10 g	Butter o. Pflanzenmargarine
1 Tl	Orangenmarmelade

Mittagessen

Endiviensalat

100 g	Endivie
1 El	Kaltpreßöl
1 El	Sauermilch (20 g)
	Zitronensaft
1 Tl	Zwiebelwürfel
1	Prise Salz, Pfeffer

Grillscholle mit Sauce Tartar

150 g	Schollenfilet
2 El	Sauermilch (40 g)
1 El	Kaltpreßöl
1 Tl	Zitronensaft
1	kleine Gewürzgurke
150 g	Kartoffeln

Rote Grütze mit Vanillesauce

50 g	Himbeeren TK
50 g	Sauerkirschen TK
50 ml	Kirschsaft
1Tl	Zucker
1 Tl	Speisestärke
100 ml	Milch
1/2 Tl	Vanillepuddingpulver
1/2 Tl	Zucker

Reduktionskost ca. 4200 kJ/1000 kcal

Abendessen

Gemüseterrine

200 g	Porree, Möhre, Sellerie
1 Tl	Kaltpreßöl
	Hefestreuwürze
	Petersilie, gehackt

Gefüllte Quarktomate

1	Tomate (ca. 100 g)
2 El	Magerquark (50 g)
1 Tl	Kaltpreßöl
	Hefestreuwürze
2	Knäckebrote
5 g	Butter o. Pflanzenmargarine
100 g	Obst der Jahreszeit

Grunddiät ca. 8400 kJ/2000 kcal

Abendessen

Gemüseterrine

200 g	Porree, Möhre, Sellerie
1 Tl	Kaltpreßöl
	Hefestreuwürze
	Petersilie, gehackt

Gefüllte Quarktomate

1	Tomate (ca. 100 g)
2 El	Magerquark (50 g)
1 Tl	Kaltpreßöl
	Hefestreuwürze
2	Scheiben Vollkornbrot
20 g	Butter o. Pflanzenmargarine
40 g	Edamerkäse 30% F. i. Tr.
150 g	Obst der Jahreszeit

Rezepte

Porridge: Haferflocken in Wasser zu einem dicken Brei kochen, mit Honig süßen und mit frischer Milch übergießen.

Endiviensalat: Endivie waschen, Blätter gut abtropfen lassen und in feine Streifen schneiden. Mit Zwiebelwürfeln, Öl, Sauermilch und Zitronensaft mischen und mit den Gewürzen abschmecken.

Grillscholle: Schollenfilets mit Zitronensaft leicht säuern, mit Alufolie auf ein Backblech legen und im gut vorgeheizten Backrohr auf beiden Seiten je 3–4 Minuten grillen.

Sauce Tartar: Sauermilch mit Zitronensaft und Öl verrühren. Die kleingehackte Gurke daruntermischen und mit 1 Prise Salz und Pfeffer würzen.

Rote Grütze mit Vanillesauce: Tiefkühlobst zugedeckt auftauen lassen. Speisestärke mit 2 El Kirschsaft anrühren. Früchte mit dem Rest Kirschsaft aufkochen, Speisestärke einlaufen lassen und aufkochen. Mit Zucker süßen. Puddingpulver mit 1 El Milch und Zucker anrühren, restliche Milch zum Kochen bringen, Topf von der Herdplatte nehmen, das angerührte Puddingpulver einlaufen lassen und unter Rühren aufkochen. Die abgekühlte Vanillesauce zur Roten Grütze servieren.

Gemüseterrine: Gemüse putzen, waschen, kleinschneiden und in 1/4 l Wasser weichkochen. Öl zusetzen und mit Streuwürze und frischer, gehackter Petersilie würzen.

Gefüllte Quarktomate: Von der Tomate einen Deckel abschneiden, das Fruchtfleisch mit einem Löffel herauslösen und mit Quark und Kaltpreßöl verrühren. Quarkmasse mit Streuwürze abschmecken, in die Tomate füllen und den abgeschnittenen Deckel daraufsetzen.

Reduktionskost ca. 4200 kJ/1000 kcal

Frühstück

Quark-Tutti-Frutti

100 g	Cottage Cheese
1	Orange (ca. 150 g)
1 Tl	Zitronensaft
1 Tl	Bienenhonig
1 El	Fertigmüsli

Mittagessen

Möhren-Sellerie-Rohkost

100 g	Möhren
100 g	Sellerieknolle
1 Tl	Kaltpreßöl
	Zitronensaft

Ratatouille

400 g	Zucchini, Aubergine, Tomate, Paprikaschote, Blumenkohlröschen
1 Tl	Kaltpreßöl
	Hefestreuwürze
1	Prise Salz, Pfeffer, Oregano

Schwarzwälder Kirschdessert

100 g	Magerquark
1 Tl	Zitronensaft
	Einige Spritzer Schwarzwälder Kirschwasser
1 Tl	Zucker
100 g	Sauerkirschkompott

Grunddiät ca. 8400 kJ/2000 kcal

Frühstück

Quark-Tutti-Frutti

100 g	Cottage Cheese
1	Orange (ca. 150 g)
1 Tl	Zitronensaft
1 Tl	Bienenhonig
1 El	Fertigmüsli
2	Scheiben Vollkornbrot
20 g	Butter o. Pflanzenmargarine
10 g	Konfitüre

Mittagessen

Möhren-Sellerie-Rohkost

100 g	Möhren
100 g	Sellerieknolle
1 El	Kaltpreßöl
	Zitronensaft

Ratatouille

400 g	Zucchini, Aubergine, Tomate, Paprikaschote, Blumenkohlröschen
1 El	Kaltpreßöl
	Hefestreuwürze
1	Prise Salz, Pfeffer, Oregano

Schwarzwälder Kirschdessert

150 g	Quark 20% F. i. Tr.
1 Tl	Zitronensaft
	Einige Spritzer Schwarzwälder Kirschwasser
1 El	Zucker
150 g	Sauerkirschkompott

Reduktionskost ca. 4200 kJ/1000 kcal		Grunddiät ca. 8400 kJ/2000 kcal	
Abendessen		**Abendessen**	
Englischer Selleriesalat		***Englischer Selleriesalat***	
100 g	Stangensellerie	200 g	Stangensellerie
10 g	Rosinen	10 g	Rosinen
10 g	Haselnüsse	10 g	Haselnüsse
1Tl	Kaltpreßöl	1 El	Kaltpreßöl
2 El	Sauermilch	2 El	Sauermilch
1 Tl	Zitronensaft	1 El	Zitronensaft
1	Prise Salz, Pfeffer, Zucker	1	Prise Salz, Pfeffer, Zucker
Toast Hawaii		***Toast Hawaii***	
1	Scheibe Toastbrot	2	Scheiben Toastbrot
5 g	Butter o. Pflanzenmargarine	10 g	Butter o. Pflanzenmargarine
1	Scheibe Ananas	2	Scheiben Ananas
20 g	Chesterkäse (1 Scheibe)	40 g	Chesterkäse (2 Scheiben)

Rezepte

Quark-Tutti-Frutti: Cottage Cheese mit der Gabel auflockern. Orange in kleine Stücke schneiden und mit Honig und Zitronensaft darunter mischen. Fertigmüsli darüber streuen.

Möhren-Sellerie-Rohkost: Möhren und Sellerie putzen, waschen und reiben. Beides mit Öl und Zitronensaft vermischen.

Ratatouille: Gemüse in kleine Würfel schneiden, mit Wasser bedecken und weich kochen. Danach Öl zufügen und mit Streuwürze, Salz, Pfeffer und Oregano abschmecken.

Schwarzwälder Kirschdessert: Quark mit Zitronensaft vermischen und mit einem kleinen Spritzer Kirschwasser parfümieren. Kompottsaft zusetzen, glatt rühren und süßen. Quarkmasse in ein Glas füllen und Sauerkirschen darauf verteilen.

Englischer Selleriesalat: Stangensellerie teilen, waschen und in feine Scheibchen schneiden. Mit Rosinen und gehackten Nüssen mischen. Öl, Sauermilch und Zitronensaft zu einer Sauce rühren. Mit Salz, Pfeffer und Zucker würzen und über den Salat gießen.

Toast Hawai: Toastbrot mit Butter bestreichen. 1 Scheibe Ananas und Chesterkäse darauflegen und im heißen Backrohr gratinieren.

Reduktionskost ca. 4200 kJ/1000 kcal

Frühstück

Bulgarenbecher
125 g Kefir
50 g Tomate
50 g Paprikaschote
Einige Tropfen Zitrone
1 Prise Pfeffer
1 Bund Dill o. Schnittlauch

1 Knäckebrot
5 g Butter o. Pflanzenmargarine

1 Ei, weich gekocht

Grunddiät ca. 8400 kJ/2000 kcal

Frühstück

Bulgarenbecher
125 g Kefir
50 g Tomate
50 g Paprikaschote
Einige Tropfen Zitrone
1 Prise Pfeffer
1 Bund Dill o. Schnittlauch

2 Scheiben Vollkornbrot
20 g Butter o. Pflanzenmargarine
10 g Bienenhonig
1 Ei, weich gekocht

Mittagessen

Pikanter Melonensalat
100 g Honigmelone
50 g Salatgurke
50 g Chicorée
1 Tl Zwiebelwürfel
1 Tl Kaltpreßöl
1 El Sauermilch
Zitronensaft
1 Prise Salz, Pfeffer, Zucker
1 Hauch Ingwerpulver, Curry

Béchamelkartoffeln
150 g Kartoffeln
10 g Butter o. Pflanzenmargarine
1 Zwiebel (ca. 50 g)
1 El Weizenmehl Type 1050
1/8 l Milch
Hefestreuwürze, Muskat, Pfeffer
1 Bund Dill gehackt

Mittagessen

Pikanter Melonensalat
100 g Honigmelone
50 g Salatgurke
50 g Chicorée
1 Tl Zwiebelwürfel
1 El Kaltpreßöl
1 El Sauermilch
Zitronensaft
1 Prise Salz, Pfeffer, Zucker
1 Hauch Ingwerpulver, Curry

Béchamelkartoffeln
200 g Kartoffeln
10 g Butter o. Pflanzenmargarine
1 Zwiebel (ca. 50 g)
1 El Weizenmehl Type 1050
1/8 l Milch
Hefestreuwürze, Muskat, Pfeffer
1 Bund Dill, gehackt

200 g Weintrauben

Reduktionskost ca. 4200 kJ/1000 kcal

Abendessen

Käseplatte

1	Bund Radieschen
1	Tomate (ca. 100 g)
1	Gewürzgurke
50 g	Camembert 10% F.i.Tr.
50 g	Sauermilchkäse 10% F.i.Tr.
2	Knäckebrote
1	Scheibe Pumpernickel

Bananenflip mit Erdbeeren

1	kleine Banane (ca. 100 g)
100 g	Erdbeeren
1 Tl	Bienenhonig (5 g)
1 Tl	Haselnußmus (5 g)
1 Tl	Zitronensaft
1 El	Sauermilch

Grunddiät ca. 8400 kJ/2000 kcal

Abendessen

Käseplatte

1	Bund Radieschen
1	Tomate (ca. 100 g)
1	Gewürzgurke
50 g	Camembert 10% F.i.Tr.
50 g	Sauermilchkäse 10% F.i.Tr.
2	Knäckebrote
2	Scheiben Pumpernickel
20 g	Butter o. Pflanzenmargarine

Bananenflip mit Erdbeeren

1	Banane (ca. 100 g)
100 g	Erdbeeren
1 Tl	Bienenhonig (5 g)
1 Tl	Haselnußmus (5 g)
1 Tl	Zitronensaft
1 El	Sauermilch

Rezepte

Bulgarenbecher: Kefir mit einigen Tropfen Zitrone und einer Prise Pfeffer verrühren. Tomate und Paprika in kleine Würfel schneiden, darunter mischen. In ein Glas füllen und mit gehacktem Dill oder Schnittlauch bestreuen.

Pikanter Melonensalat: Melone und Gurke schälen und klein schneiden. Chicorée in mundgerechte Stücke teilen. Alles mit Zwiebelwürfeln mischen. Aus Öl, Sauermilch und Zitronensaft eine Sauce rühren, mit den angegebenen Zutaten würzen und über den Salat geben.

Béchamelkartoffeln: Kartoffeln gründlich waschen und in der Schale kochen. Zwiebel klein hacken und in der Butter glasig dünsten. Das Mehl darübersteuben, unterrühren und anschwitzen. Milch dazu gießen, dabei rühren und kurz aufkochen lassen. Mit Streuwürze, Pfeffer und Muskat würzen. Die gegarten, noch heißen Kartoffeln abpellen, in dicke Scheiben schneiden und mit gehacktem Dill vorsichtig unter die Sauce heben.

Bananenflip mit Erdbeeren: Banane mit der Gabel sorgfältig zerdrücken. Bananenmus mit Honig, Haselnußmus, Zitronensaft und Sauermilch verrühren. Die Erdbeeren waschen, putzen und halbieren (Tiefkühlbeeren zugedeckt auftauen lassen). Beeren in ein Glas füllen und Bananenmus darübergeben.

16. Tag

Reduktionskost ca. 4200 kJ/1000 kcal

Frühstück

Apfel-Bananen-Müsli

1	Apfel (ca. 100 g)
1	Banane (ca. 100 g)
1 El	Zitronensaft
1 Tl	Bienenhonig
1 El	Sauermilch
1	Vollkornzwieback

Grunddiät ca. 8400 kJ/2000 kcal

Frühstück

Apfel-Bananen-Müsli

1	Apfel (ca. 150 g)
1	Banane (ca. 150 g)
2 El	Zitronensaft
1 Tl	Bienenhonig
1/2	Becher Sanoghurt
4	Stück Vollkornzwieback
10 g	Haselnußmus

Mittagessen

Kopfsalat mit Radieschen

100 g	Kopfsalat
1	Bund Radieschen
1 Tl	Kaltpreßöl
	Zitronensaft
1	Prise Salz, Pfeffer, Zucker

Serbisches Gurkengemüse mit Reis

50 g	Zwiebelwürfel
1 Tl	Kaltpreßöl
100 g	Salatgurke
100 g	Paprikaschote
50 g	Tomate
	Hefestreuwürze, Pfeffer
30 g	Vollreis

Erdbeerquark

100 g	Magerquark
100 g	Erdbeeren, frisch oder TK
1 Tl	Zitronensaft
1 Tl	Zucker

Mittagessen

Kopfsalat mit Radieschen

100 g	Kopfsalat
1	Bund Radieschen
1 El	Kaltpreßöl
	Zitronensaft
1	Prise Salz, Pfeffer, Zucker

Serbisches Gurkengemüse mit Reis

50 g	Zwiebelwürfel
1 El	Kaltpreßöl
100 g	Salatgurke
100 g	Paprikaschote
50 g	Tomate
	Hefestreuwürze, Pfeffer
60 g	Vollreis

Erdbeerquark

100 g	Magerquark
100 g	Erdbeeren, frisch oder TK
1 Tl	Zitronensaft
1 Tl	Zucker

Reduktionskost ca. 4200 kJ/1000 kcal

Abendessen

Karottenrohkost

150 g	Karotten
1 Tl	Kaltpreßöl
	Zitronensaft
	Petersilie, gehackt

Schottische Gerstensuppe

30 g	Gerstengraupen
100 g	Möhren
100 g	Kohlrabi
50 g	Porree
1 Tl	Kaltpreßöl
1/4 l	Wasser
	Hefestreuwürze
1	Prise Pfeffer, Salz
1 El	saure Sahne
	Petersilie, gehackt

Grunddiät ca. 8400 kJ/2000 kcal

Abendessen

Karottenrohkost

150 g	Karotten
1 El	Kaltpreßöl
	Zitronensaft
	Petersilie, gehackt

Schottische Gerstensuppe

50 g	Gerstengraupen
100 g	Möhren
100 g	Kohlrabi
50 g	Porree
1 El	Kaltpreßöl
300 ml	Wasser
	Hefestreuwürze
1	Prise Pfeffer, Salz
1 El	saure Sahne
	Petersilie, gehackt
2	Knäckebrote
10 g	Butter o. Pflanzenmargarine

Rezepte

Apfel-Bananen-Müsli: Apfel reiben, Banane mit der Gabel zerdrücken. Beides mit Zitronensaft, Honig und Sauermilch mischen. Vollkornzwieback darüberbröseln oder dazu essen.

Kopfsalat mit Radieschen: Kopfsalat rüsten, Blätter klein zupfen und mit Gewürzen, Zitronensaft und Öl anrichten. Radieschen in Scheiben schneiden und darunter mischen.

Serbisches Gurkengemüse: Zwiebelwürfel in Öl glasig dünsten. Gurke schälen und würfeln. Paprikaschote in Streifen schneiden und vorher die Kerne entfernen. Tomate vierteln. Gemüse zu den Zwiebeln geben und mitdünsten. Etwas Flüssigkeit zufügen, Topf schließen und garen. Mit Gewürzen abschmecken. Gekochten Reis dazu servieren.

Erdbeerquark: Beeren mit der Gabel zerdrücken oder Tiefkühlbeeren zugedeckt auftauen lassen. Mit Zitronensaft, Zucker und Quark mischen und cremig rühren. Mit einigen zurückbehaltenen Beeren garnieren.

Karottenrohkost: Karotten putzen, waschen, reiben. Petersilie kleinhacken und mit Öl und Zitronensaft unter die Möhren mischen.

Schottische Gerstensuppe: Gemüse kleinschneiden und mit den Graupen in Öl andünsten. Wasser dazu gießen, aufkochen. Hitze reduzieren, Topf schließen und ca. 20 Minuten kochen lassen. Mit Gewürzen, saurer Sahne und Petersilie abschmecken.

17. Tag

Reduktionskost ca. 4200 kJ/1000 kcal

Frühstück

Rübli-Quark

100 g	Cottage Cheese
200 g	Karotten
	Zitronensaft
1 Tl	Bienenhonig
10 g	Rosinen

Grunddiät ca. 8400 kJ/2000 kcal

Frühstück

Rübli-Quark

100 g	Cottage Cheese
200 g	Karotten
	Zitronensaft
1 Tl	Bienenhonig
10 g	Rosinen
1	Schrotbrötchen
2	Knäckebrote
20 g	Butter o. Pflanzenmargarine
10 g	Konfitüre

Mittagessen

Bunter Kohlsalat

100 g	Chinakohl
50 g	Möhre
1 Tl	Zwiebelwürfel
1 Tl	Kaltpreßöl
1 El	Obstessig
1	Prise Salz, Pfeffer, Zucker, Kümmel

Rosenkohl mit Maronen und Kartoffelpüree

200 g	Rosenkohl (oder Rotkohl)
3	Maronen (Edelkastanien)
1 Tl	Kaltpreßöl
1	Prise Hefestreuwürze, Pfeffer
100 g	Kartoffel
3–4 El	Milch
1	Prise Salz, Muskat

Himbeerquark

100 g	Magerquark
100 g	Himbeeren, frisch oder TK
1 El	Zitronensaft
1 Tl	Zucker

Mittagessen

Bunter Kohlsalat

100 g	Chinakohl
50 g	Möhre
1 Tl	Zwiebelwürfel
1 El	Kaltpreßöl
1 El	Obstessig
1	Prise Salz, Pfeffer, Zucker, Kümmel

Rosenkohl mit Maronen und Kartoffelpüree

200 g	Rosenkohl (oder Rotkohl)
6	Maronen (Edelkastanien)
1 El	Kaltpreßöl
1	Prise Hefestreuwürze, Pfeffer
200 g	Kartoffeln
100 ml	Milch
1	Prise Salz, Muskat

Himbeerquark

100 g	Magerquark
100 g	Himbeeren, frisch oder TK
1 El	Zitronensaft
1 Tl	Zucker

Reduktionskost ca. 4200 kJ/1000 kcal

Abendessen

Chicorée mit Kräuterdip

100 g	Chicorée
100 g	Dickmilch
1 Tl	Zitronensaft
1	Prise Salz, Pfeffer, Zucker
1	Bund Schnittlauch, gehackt

Aprikosentoast

1	Scheibe Grahambrot
5 g	Butter o. Pflanzenmargarine
2	Aprikosen, halbiert, frisch oder aus der Dose
30 g	Frischkäse 60% F. i. Tr.
1 El	Sauermilch
	Einige Tropfen Zitrone
1	Stück Vollkornzwieback

Grunddiät ca. 8400 kJ/2000 kcal

Abendessen

Chicorée mit Kräuterdip

100 g	Chicorée
100 g	Dickmilch
1 Tl	Zitronensaft
1	Prise Salz, Pfeffer, Zucker
1	Bund Schnittlauch, gehackt

Aprikosentoast

2	Scheiben Grahambrot
10 g	Butter o. Pflanzenmargarine
4	Aprikosen, halbiert, frisch oder aus der Dose
60 g	Frischkäse 60% F. i. Tr.
2 El	Sauermilch
	Einige Tropfen Zitrone
2	Stück Vollkornzwieback

Rezepte

Rübli-Quark: Cottage Cheese mit Zitronensaft, Honig und Rosinen mischen. Karotten grob raspeln und daruntergeben.

Bunter Kohlsalat: Chinakohl waschen und in feine Streifen schneiden. Möhren raffeln und beides mit Zwiebelwürfeln mischen. Salat mit den anderen Zutaten anrichten und würzen.

Rosenkohl mit Maronen: Rosenkohl mit wenig Wasser weichkochen. Maronen mit einem scharfen Messer an der runden Seite kreuzweise einritzen und auf einem Backblech im vorgeheizten Rohr bei 200° 15–20 Minuten garen. Danach abkühlen lassen, Maronen aus der Schale brechen und unter den fertigen Kohl mischen. Öl zufügen und mit Gewürzen abschmecken.

Kartoffelpüree: Kartoffeln in der Schale kochen, abpellen und zerdrücken. Mit heißer Milch glatt rühren und würzen.

Himbeerquark: Himbeeren zugedeckt auftauen und mit Quark, Zitronensaft und Zucker glattrühren. Frische Himbeeren mit der Gabel zerdrücken oder mit dem Mixer pürieren und unter den Quark mischen.

Chicorée mit Kräuterdip: Chicorée aufblättern, waschen und die Blätter in ein Glas stellen. Dickmilch mit Zitronensaft, 1 Prise Salz, Pfeffer, Zucker würzen und mit reichlich frischen, gehackten Kräutern versehen. Dip zu den Chicoréeblättern servieren.

Aprikosentoast: Grahambrot leicht antoasten, abkühlen lassen und mit Butter bestreichen. Aprikosenhälften darauf legen. Frischkäse mit Sauermilch glattrühren. Zwieback reiben und mit einigen Tropfen Zitrone daruntermischen. Die Masse über die Aprikosen streichen und im vorgeheizten Backrohr oder Grill überbacken.

Reduktionskost ca. 4200 kJ/1000 kcal		Grunddiät ca. 8400 kJ/2000 kcal	
Frühstück		**Frühstück**	
Haferflockenmüsli		***Haferflockenmüsli***	
3 El	Haferflocken	3 El	Haferflocken
3–4 El	Wasser	3–4 El	Wasser
1/2	Becher Sanoghurt	1/2	Becher Sanoghurt
1 Tl	Zitronensaft	1 Tl	Zitronensaft
1Tl	Bienenhonig	1Tl	Bienenhonig
3	Trockenpflaumen	3	Trockenpflaumen
3–4 El	Wasser	3–4 El	Wasser
		Vollkornbrot mit Spiegelei und Tomate	
		1	Scheibe Vollkornbrot
		5 g	Butter o. Pflanzenmargarine
		1	Ei
		5 g	Butter o. Pflanzenmargarine
		1	Tomate (ca. 100 g)

Mittagessen		**Mittagessen**	
Rote Bete-Feldsalat		***Rote Bete-Feldsalat***	
100 g	Rote Bete	100 g	Rote Bete
50 g	Feldsalat	50 g	Feldsalat
1 Tl	Kaltpreßöl	1 El	Kaltpreßöl
1 Tl	Zwiebelwürfel	1 El	Zwiebelwürfel
	Zitronensaft, Prise Salz, Pfeffer		Zitronensaft, Prise Salz, Pfeffer
Krautwickel		***Krautwickel***	
2	große Weißkrautblätter	4	große Weißkrautblätter
30 g	Vollreis	50 g	Vollreis
	Hefestreuwürze		Hefestreuwürze
1/2	Portion vegetarische Paste (10 g)	1	Portion vegetarische Paste (20 g)
1 Tl	Öl	1 El	Öl
1 Tl	Tomatenmark	1 El	Tomatenmark
1/2	Tasse Wasser	1	Tasse Wasser

18. Tag

Reduktionskost ca. 4200 kJ/1000 kcal

Heidelbeerquark

100 g	Magerquark
100 g	Heidelbeeren, frisch o. TK
1 El	Zitronensaft
3 El	Milch
1 Tl	Zucker

Grunddiät ca. 8400 kJ/2000 kcal

Heidelbeerquark

100 g	Magerquark
100 g	Heidelbeeren, frisch o. TK
1 El	Zitronensaft
3 El	Milch
1 Tl	Zucker

Abendessen

Salat rot-weiß

100 g	Rettich
100 g	Rote Bete (Glas)
1	Prise Pfeffer, Salz

Quarkkeulchen mit Apfelmus

100 g	Kartoffel
100 g	Magerquark
1/2	Ei
1 El	Weizenmehl Type 1050
	Etwas abgeriebene Zitronenschale
5 g	Korinthen
1 El	Öl zum Ausbacken
100 g	Apfel
1 Tl	Zucker

Abendessen

Salat rot-weiß

100 g	Rettich
100 g	Rote Bete (Glas)
1	Prise Pfeffer, Salz

Quarkkeulchen mit Apfelmus

150 g	Kartoffel
150 g	Magerquark
1/2	Ei
2 El	Weizenmehl Type 1050
	Etwas abgeriebene Zitronenschale
10 g	Korinthen
2 El	Öl zum Ausbacken
150 g	Apfel
1 El	Zucker

Rezepte

Haferflockenmüsli: Haferflocken und Trockenpflaumen getrennt über Nacht einweichen. Morgens Sauermilch mit Zitronensaft und Honig verrühren. Trockenpflaumen kleinschneiden und mit Haferflocken daruntermengen.

Rote Bete-Feldsalat: Rote Bete reiben und mit vorbereitetem Feldsalat und Zwiebelringen auf einem Teller anrichten. Würzen und Öl und Zitronensaft darüber träufeln.

Krautwickel: Weißkrautblätter blanchieren. Reis kochen und noch heiß mit vegetarischer Paste vermischen. Kohlblätter aufeinander legen, etwas Streuwürze darauf streuen und Reismasse darin einrollen. Mit einem Faden zusammenbinden. Krautwickel in Öl rundum anbraten. Tomatenmark in Wasser auflösen, dazugießen und bei geschlossenem Topf 20–30 Minuten garen.

Heidelbeerquark: Alle Zutaten im Mixer pürieren.

Salat rot-weiß: Rettich in feine Scheiben hobeln. Mit 1 Prise Salz würzen. Mit Roten Beten auf einem Teller anrichten.

Quarkkeulchen: Am Tag vorher in der Schale gekochte Kartoffeln pellen und reiben. Ei aufschlagen, halbieren und mit Quark, Kartoffelmasse, Mehl, etwas abgeriebener Zitronenschale (von ungespritzter Frucht) und Korinthen zu einem Teig verarbeiten. Flache Keulchen formen, in Mehl wenden und in heißem Öl auf beiden Seiten ausbacken.

Apfelmus: Apfel in Stücke schneiden, in wenig Wasser weichdünsten, durchpassieren und süßen.

Reduktionskost ca. 4200 kJ/1000 kcal

Frühstück

Vollkornfrühstück

30 g	Vollkornschrot
4–5 El	Wasser
1 Tl	Bienenhonig (5 g)
1 Tl	Haselnußmus (5 g)
100 ml	Milch

Mittagessen

Griechischer Salat

100 g	Salatgurke
100 g	Tomate
50 g	Eis- o. Kopfsalat
1	kleine Zwiebel (ca. 30 g)
1 Tl	Kaltpreßöl
1 El	Zitronensaft
1	Prise Salz, Pfeffer, Zucker
1	Bund Schnittlauch
2	schwarze Oliven

Forelle blau mit Petersilienkartoffeln

1	kleine Forelle (100 g)
1/4	Zitrone
5 g	Butter
100 g	Kartoffel
	Petersilie, gehackt

Exotischer Obstsalat

100 g	Honigmelone
1	Scheibe Ananas (30 g)
1	Feige (10 g)
	Einige Tropfen Zitrone

Grunddiät ca. 8400 kJ/2000 kcal

Frühstück

Vollkornfrühstück

50 g	Vollkornschrot
5–6 El	Wasser
1 El	Bienenhonig (5 g)
1 Tl	Haselnußmus (5 g)
1/8 l	Milch
200 g	Weintrauben o. anderes Obst der Jahreszeit

Mittagessen

Griechischer Salat

100 g	Salatgurke
100 g	Tomate
50 g	Eis- o. Kopfsalat
1	kleine Zwiebel (ca. 30 g)
1 El	Kaltpreßöl
1 El	Zitronensaft
1	Prise Salz, Pfeffer, Zucker
1	Bund Schnittlauch
2	schwarze Oliven

Forelle blau mit Petersilienkartoffeln

1	kleine Forelle (125 g)
1/2	Zitrone
10 g	Butter
200 g	Kartoffeln
	Petersilie, gehackt

Exotischer Obstsalat

100 g	Honigmelone
2	Scheiben Ananas (60 g)
2	Feigen (20 g)
	Einige Tropfen Zitrone
10 g	Mandeln, gehackt

Reduktionskost ca. 4200 kJ/1000 kcal

Abendessen

Soja-Wurstsalat nach Schweizer Art

1	Sojawürstchen
20 g	Emmentalerkäse
1	Apfel (ca. 100 g)
1	Dillgurke (50 g)
1	kleine Zwiebel (ca. 30 g)
1 Tl	Kaltpreßöl
1 El	Obstessig
1	Prise Salz, Pfeffer, Zucker
2	Knäckebrote

Grunddiät ca. 8400 kJ/2000 kcal

Abendessen

Soja-Wurstsalat nach Schweizer Art

1	Sojawürstchen
20 g	Emmentalerkäse
1	Apfel (ca. 150 g)
1	Dillgurke (50 g)
1	kleine Zwiebel (ca. 30 g)
1 El	Kaltpreßöl
1 El	Obstessig
1	Prise Salz, Pfeffer, Zucker
1	Knäckebrot

Vollkornbrot mit Soja-Quarkaufstrich

2	Scheiben Vollkornbrot
1	Portion Sandwichcreme (20 g)
3 El	Magerquark (75 g)
3 El	Milch

Rezepte

Vollkornfrühstück: Frisch gemahlenen Vollkornschrot in 4–5 El Wasser über Nacht einweichen. Am Morgen 1/8 l Wasser zugießen und Schrot bei mäßiger Hitze quellen lasen. Ab und zu umrühren, damit nichts anbrennt. In den fertigen Brei Honig, Haselnußmus und Milch rühren.

Griechischer Salat: Gurke und Tomate in Stücke schneiden, Salatblätter kleinzupfen und Zwiebel kleinwürfeln. Alles mischen, würzen und mit Öl und Zitronensaft beträufeln. Schnittlauch hacken, darüber streuen und mit Oliven garnieren.

Forelle blau: Forelle ausnehmen, kalt waschen, mit Küchenkrepp trocken tupfen und mit Zitronensaft und Essig beträufeln. In 1/4 l Wasser einen Schuß Weißwein, ein Stück Möhre, Porree, Sellerie, 3 Pfefferkörner, 1 Lorbeerblatt und die Forelle geben. Einmal bei offenem Topf aufkochen lassen. Hitze reduzieren, Topf abdecken und die Forelle ca. 20 Minuten garziehen lassen. (Garprobe: Leichtes Lösen der Gräten). Mit Zitrone und frischer Butter zu Petersilienkartoffeln servieren.

Exotischer Obstsalat: Melone schälen, Kerne entfernen und mit Ananas und Feigen in kleine Würfel schneiden. Alles mischen und mit einigen Tropfen Zitrone würzen. Gegebenenfalls mit gehackten Mandeln bestreuen.

Soja-Wurstsalat nach Schweizer Art: Sojawürstchen in Scheiben, Käse in Streifen, Apfel, Dillgurke und Zwiebel in Würfel schneiden. Öl, Obstessig und Gewürze dazugeben. Gut durchmischen und einige Zeit ziehen lassen.

Soja-Quarkaufstrich: Alle Zutaten miteinander vermischen und cremig rühren.

Reduktionskost ca. 4200 kJ/1000 kcal

Frühstück

Morgendliche Frischkost

1	Apfel (ca. 100 g)
100 g	Möhre
1 Tl	Zitronensaft
1 Tl	Ahornsirup
2 El	Sauermilch (40 g)
10 g	Roggenflachbrot
20 g	Käse 30% F. i. Tr.

Mittagessen

Fenchelrohkost

100 g	Fenchelknolle
1 El	Sauermilch (20 g)
1 Tl	Kaltpreßöl
1 Tl	Zitronensaft
1	Prise Salz, Pfeffer, Zucker

Feine Gemüseplatte

200 g	Karotten
100 g	zarte grüne Bohnen
100 g	Blumenkohlröschen
1 El	Crème fraîche, gehäuft (30 g)
	Einige Tropfen Zitrone
1	Prise Salz, Pfeffer

Grunddiät ca. 8400 kJ/2000 kcal

Frühstück

Morgendliche Frischkost

1	Apfel (ca. 100 g)
100 g	Möhre
1 Tl	Zitronensaft
1 Tl	Ahornsirup
2 El	Sauermilch (40 g)
10 g	Roggenflachbrot
1	Scheibe Vollkornbrot
20 g	Butter o. Pflanzenmargarine
50 g	Käse 30% F. i. Tr.

Mittagessen

Fenchelrohkost

100 g	Fenchelknolle
1 El	Sauermilch
1 Tl	Kaltpreßöl
1 Tl	Zitronensaft
1	Prise Salz, Pfeffer, Zucker

Feine Gemüseplatte mit Rösti

200 g	Karotten
100 g	zarte grüne Bohnen
100 g	Blumenkohlröschen
1 El	Crème fraîche, gehäuft (30 g)
	Einige Tropfen Zitrone
1	Prise Salz, Pfeffer

Kartoffelrösti

150 g	Kartoffeln
10 g	Butter o. Margarine
1	Prise Salz, Pfeffer, Kümmel

Reduktionskost ca. 4200 kJ/1000 kcal

Quarkschnee

100 g	Magerquark
	Saft von 1/2 Zitrone
	Etwas abger. Zitronenschale (ungespritzt)
1	Eiweiß, geschlagen
1 Tl	Ahornsirup
1	Scheibe Zitrone

Abendessen

Karotten-Cocktail

200 ml	Karottensaft
1/2 Tl	Sahne
	Einige Tropfen Zitrone
	Petersilie, gehackt

Salat niçoise

2	kleine Salatkartoffeln, gekocht (ca. 120 g)
2	Radieschen
50 g	Salatgurke
50 g	Tomate
100 g	Kopfsalat
1	kleine Zwiebel (ca. 30 g)
1 El	Kaltpreßöl
1 El	Zitronensaft
1	Prise Salz, Pfeffer, Zucker
2	Oliven
1	Ei, hart gekocht
1	Bund Schnittlauch

Grunddiät ca. 8400 kJ/2000 kcal

Quarkschnee

100 g	Magerquark
	Saft von 1/2 Zitrone
	Etwas abger. Zitronenschale (ungespritzt)
1	Eiweiß, geschlagen
1 Tl	Ahornsirup
1	Scheibe Zitrone

Abendessen

Karotten-Cocktail

200 ml	Karottensaft
1/2 Tl	Sahne
	Einige Tropfen Zitrone
	Petersilie, gehackt

Salat niçoise

2	kleine Salatkartoffeln, gekocht (ca. 120 g)
2	Radieschen
50 g	Salatgurke
50 g	Tomate
100 g	Kopfsalat
1	kleine Zwiebel (ca. 30 g)
1 El	Kaltpreßöl
1 El	Zitronensaft
1	Prise Salz, Pfeffer, Zucker
6	Oliven
1	Ei, hart gekocht
1	Bund Schnittlauch

Gefüllter Bratapfel mit Sanddorn

1	großer Apfel (ca. 200 g)
10 g	Rosinen
1 Tl	Haselnußmus
2 El	Sanddorn-Vollfrucht, gesüßt
2	Stück Vollkornzwieback

Rezepte

Morgendliche Frischkost: Apfel und Möhre raspeln, leicht mit Zitronensaft säuern, mit Ahornsirup süßen und die Sauermilch daruntermischen.

Fenchelrohkost: Fenchelknolle waschen, von harten, unansehnlichen Teilen befreien, in feine Streifen hobeln. Sauermilch mit Öl und Zitronensaft zu einer Sauce rühren. Mit Gewürzen abschmecken, über den Salat geben, mischen und mit gehacktem Fenchelgrün bestreuen.

Feine Gemüseplatte: Gemüse waschen und putzen. Karotten in 3 cm lange Stücke schneiden und die Stücke vierteln. Bohnen in Stücke brechen oder, wenn sie zart und klein sind, ganzlassen. Blumenkohl in einzelne Röschen teilen. Alles in wenig Wasser weichdünsten. Créme fraîche mit einigen Tropfen Zitrone und 1 Prise Salz und Pfeffer würzen und über das Gemüse geben.

Kartoffelrösti: Kartoffeln in der Schale kochen, abpellen und in dünne Scheiben schneiden. Butter oder Margarine in der Pfanne erhitzen und Kartoffeln darin auf beiden Seiten braten und mit den Gewürzen abschmecken.

Quarkschnee: Quark mit Zitronensaft, etwas abgeriebener Zitronenschale (von ungespritzter Frucht) und Ahornsirup verrühren. Eischnee vorsichtig unter den Quark mischen. In ein Glas füllen und mit 1 Zitronenschnitz garnieren.

Karotten-Cocktail: Karottensaft mit Sahne und einigen Tropfen Zitrone verrühren. In ein Glas füllen und etwas Petersilie daraufstreuen.

Salat niçoise: Kartoffeln in der Schale kochen, etwas abkühlen lassen und abpellen. Kartoffeln, Radieschen und Gurke in Scheiben schneiden, Tomate vierteln und Salatblätter in Stücke zupfen. Alles mit kleingehackter Zwiebel mischen. Öl mit Zitronensaft verrühren, würzen und über den Salat geben. Das Ei in kleine Würfel schneiden und mit Oliven und gehacktem Schnittlauch unter den Salat mischen.

Gefüllter Bratapfel mit Sanddornsauce: Apfel waschen, abtrocknen und das Kerngehäuse herausstechen. Rosinen kleinhacken, mit Haselnußmus und 1 Tl Sanddornsaft mischen. Masse in den Apfel füllen und im heißen Backrohr backen, bis der Apfel weich ist. Bratapfel auf einen Teller legen und mit dem Rest Sanddornsaft begießen. Vollkornzwieback dazu essen.

21. Tag

Reduktionskost ca. 4200 kJ/1000 kcal

Frühstück

Früchtebecher

125 g	Dickmilch
1 Tl	Ahornsirup
	Saft von 1/2 Orange
100 g	beliebige frische oder tiefgefrorene Beeren
10 g	Walnüsse, gehackt

Mittagessen

Frische Möhrenrohkost mit Kresse

150 g	Möhren
1 Tl	Kaltpreßöl
1 Tl	Zitronensaft
1	Portion Gartenkresse

Hirse-Apfel-Auflauf mit Preiselbeersauce

100 g	Magerquark
1	Ei, getrennt
1 El	Bienenhonig o. Ahornsirup
1	Apfel (ca. 100 g)
20 g	Hirseflocken
10 g	Rosinen
	Etwas abger. Zitronenschale (ungespritzt)
2 El	Preiselbeer-Vollfrucht oder andere Fruchtsauce

Grunddiät ca. 8400 kJ/2000 kcal

Frühstück

Früchtebecher

125 g	Dickmilch
1 Tl	Ahornsirup
	Saft von 1/2 Orange
100 g	beliebige frische oder tiefgefrorene Beeren
10 g	Walnüsse, gehackt

Grahamtoast

2	Scheiben Grahambrot, getoastet
20 g	Butter o. Pflanzenmargarine
1 Tl	Bienenhonig o. Konfitüre

Mittagessen

Frische Möhrenrohkost mit Kresse

150 g	Möhren
1 El	Kaltpreßöl
1 Tl	Zitronensaft
1	Portion Gartenkresse

Hirse-Apfel-Auflauf mit Preiselbeersauce

100 g	Magerquark
1	Ei, getrennt
1 El	Bienenhonig o. Ahornsirup
2 El	Sahne
1	Apfel (ca. 150 g)
30 g	Hirseflocken
10 g	Rosinen
	Etwas abger. Zitronenschale (ungespritzt)
3 El	Preiselbeer-Vollfrucht oder andere Fruchtsauce

Reduktionskost ca. 4200 kJ/1000 kcal

Abendessen

Salat Tropic

1/2	reife Avocado
50 g	Orange
50 g	Weintrauben
1 Tl	Zitronensaft

Gebackene Sellerieschreiben

150 g	Sellerieknolle
100 g	Apfel
1 Tl	Öl
1/2	Tasse Wasser
	Einige Tropfen Zitrone
	Hefestreuwürze

Grunddiät ca. 8400 kJ/2000 kcal

Abendessen

Salat Tropic

1/2	reife Avocado
50 g	Orange
50 g	Weintrauben
1 Tl	Zitronensaft

Gebackene Sellerieschreiben mit Hirse-Gnocchi

150 g	Sellerieknolle
100 g	Apfel
1 Tl	Öl
1/2	Tasse Wasser
	Einige Tropfen Zitrone
	Hefestreuwürze
100 ml	Wasser
100 ml	Milch
50 g	Hirseflocken
1/2	Ei
1 El	Hafermehl
1	Prise Salz, Muskat

Rezepte

Früchtebecher: Dickmilch mit Orangensaft und Ahornsirup verrühren. Die Beeren putzen, waschen, große Beeren halbieren oder, wenn tiefgefroren, zugedeckt im Kühlschrank über Nacht auftauen lassen. Beeren vorsichtig unter die Dickmilch mischen, in ein Glas geben, einige Minuten durchziehen lassen und mit gehackten Nüssen bestreuen.

Frische Möhrenrohkost mit Kresse: Möhren putzen, waschen und reiben. Öl und Zitronensaft daruntermischen. Kresse waschen und gut abgetropft über die Möhren streuen.

Hirse-Apfel-Auflauf mit Preiselbeersauce: Quark mit Eigelb (evtl. Sahne) und Honig verrühren. Apfel in feine Scheiben hobeln und mit Hirseflocken, Rosinen, etwas abgeriebener Zitronenschale unter den Quark mischen. Eiweiß zu steifem Schnee schlagen und vorsichtig darunterheben. In eine ausgefettete Auflaufform geben und im vorgeheizten Backrohr 30 Minuten backen. Mit Preiselbeersaft oder einer anderen Fruchtsauce servieren.

Salat Tropic: Avocado halbieren, Stein entfernen. Fruchtfleisch vorsichtig aus der Schale lösen und in kleine Würfelchen schneiden. Orange zerkleinern, Weintrauben halbieren und Kerne entfernen. Alles mischen, mit Zitronensaft beträufeln und in der ausgehöhlten Avocadoschale anrichten.

Gebackene Selleriescheiben: Sellerieknolle waschen, dünn schälen und in 2 cm dicke Scheiben schneiden. Wasser und Öl in einer Deckelpfanne zum Kochen bringen, Sellerie hineinlegen, Deckel schließen und gar dünsten. Nach ca. 10 Minuten wenden. Apfel schälen, das Kernhaus entfernen und in Scheiben schneiden. Zum Sellerie geben und alles zu Ende garen. Das Wasser sollte verdampft sein. Mit einigen Tropfen Zitrone und etwas Streuwürze abschmecken.

Hirse-Gnocchi: Milch mit Wasser mischen und zum Kochen bringen. Hirse in die kochende Flüssigkeit hineinrieseln lassen und unter stetem Rühren zu einem festen Brei kochen. Neben der warmen Herdplatte noch etwa 5 Minuten nachquellen lassen. Danach Ei und Hafermehl unterrühren. Mit einer Prise Salz, Muskat würzen. Die Masse mit einem nassen Löffel abstechen und die Gnocchi in leicht kochendem Wasser garziehen lassen. Zu Sellerie- und Apfelscheiben servieren.

Rezepte von A bis Z

HÄDECKE-GESUNDHEITSRATGEBER

Naturmedizinische Literatur, Bücher zur gesunden Lebensweise, zur richtigen Ernährung und Diät

Naturküche – gesund und lecker

Das biologische Grundkochbuch von Marlis Weber. Rund 500 Rezepte für eine natürliche Vollwertkost ohne Fleisch – die delikate Alternative! Vorwort von Dr. med. H. Anemueller. Rund 180 Seiten mit 16 Farbtafeln. Glanzeinband.

Vollkornbackbuch

von Marlis Weber. Brote und Brötchen, Kuchen, Klein- und Feingebäck, Pizzas und Toasts – über 100 Rezepte für das neue und gesunde Backen mit Vollkornmehl. Viele nützliche Tips zur einfachen Zubereitung und für die Wahl der richtigen Geräte. Alle Rezepte sind erprobt und haben sich in über 40000 Haushalten bewährt! 128 Seiten mit 8 Farbtafeln.

Mit Vollkorn kochen

von Marlis Weber. Nach dem großartigen Erfolg des Backbuches kommt nun das lange erwartete Kochbuch der beliebten Autorin mit rund 150 Rezepten für Getreidegerichte aus Buchweizen und Weizen, Hafer und Hirse, Roggen und Gerste, Reis und Mais, Grünkern, Sesam und anderen Spezialitäten. 144 Seiten mit 8 Farbtafeln.

Gesund & fit mit frischen Säften

von Marlis Weber. Vitaminreiche Säfte aus frischen Früchten, Gemüsesäfte und naturreine Säfte aus Kräutern und Wildpflanzen, raffiniert gemixt und Schluck für Schluck gesundheitsfördernd! Bei Fastenkuren, zu Heilzwecken. 102 Seiten mit 4 Farbtafeln.

Die natürlichste Sache der Welt

von Marlis Weber und Dr. med. F. Brantner. Ärztlicher Rat, Gymnastik und die richtige ballaststoffreiche Ernährung für eine geregelte Verdauung ohne Abführmittel. Kalorien-/Joule-Angaben bei jedem Rezept. 84 Seiten, 5 Farbtafeln.

Richtig essen hilft gewinnen

von Dr. Michael Hamm und Manfred Nilles. Sporternährung für jedermann. Die richtige Kost, um Leistungsreserven zu mobilisieren. 112 Seiten mit Cartoons von Rainer Kopeć, Tabellen und Menüplänen.

Heilkräftige Pflanzen in Farbe

von Aldo Poletti, Prof. Dr. Heinz Schilcher und Dr. Alfred Müller. Rund 200 heilkräftige Pflanzen: Wie man sie erkennt, sammelt und aufbewahrt, welche Heilkräfte sie besitzen und wie man sie sinnvoll anwendet. 213 Seiten mit rund 180 Farbfotos, Glanzeinband.

Hädecke-Bücher erhalten Sie in jeder guten Buchhandlung und in vielen Reformhäusern. Sollte ein Band nicht vorrätig sein, wird Ihr Buchhändler ihn gerne für Sie innerhalb weniger Tage besorgen. Ausführliche Informationen erhalten Sie vom

HÄDECKE VERLAG 7252 WEIL DER STADT